FACULTÉ DE DROIT DE PARIS.

DE FUNDO DOTALI.

DE L'INALIÉNABILITÉ

ET DE

L'IMPRESCRIPTIBILITÉ DE LA DOT.

THÈSE POUR LE DOCTORAT

PAR

EDMOND DESCHAMPS

AVOCAT A LA COUR IMPÉRIALE DE PARIS.

PARIS

IMPRIMERIE BAILLY, DIVRY ET Cie,

RUE NOTRE-DAME DES CHAMPS, 49.

1861

FACULTÉ DE DROIT DE PARIS.

DE FUNDO DOTALI

(Dig., liv. 23, tit. 5.)

DE L'INALIÉNABILITÉ

ET DE

L'IMPRESCRIPTIBILITÉ DE LA DOT.

THÈSE

POUR LE DOCTORAT.

L'ACTE PUBLIC SUR LES MATIÈRES CI-APRÈS SERA SOUTENU,
Le mercredi 26 juin 1861, à une heure,

PAR LOUIS-EDMOND DESCHAMPS,
Né à Lisieux (Calvados) le 12 novembre 1838,
AVOCAT A LA COUR IMPÉRIALE DE PARIS.

PRÉSIDENT.............	M. OUDOT,	Professeurs.
SUFFRAGANTS........	MM. PELLAT, doyen,	
	BONNIER,	
	COLMET-DAAGE,	
	RATAUD,	Suppléant.

Le Candidat répondra en outre aux questions qui lui seront faites sur les autres matières de l'enseignement.

PARIS
IMPRIMERIE BAILLY, DIVRY ET Cie,
RUE NOTRE-DAME DES CHAMPS, 49.
1861

A MON PERE, A MA MÈRE

A MA SŒUR.

INTRODUCTION

« Interrogez ceux qui sont nourris au pays
« de droit escrit, il vous diront que la sépara-
« tion de biens est, sans comparaison, meilleure
« que la communauté, et ceux du pays de
« coustume donneront leur arrest en faveur
« de la communauté de biens, tant a de tyrannie
« sur nous un long et ancien usage ! »

(PASQUIER, *Recherches de la France*, liv. IV, ch. XXI.)

Quand éclata notre grande révolution de 1789, la France, au point de vue de la législation, se divisait en deux vastes zones : le Nord et le Midi, les pays de coutumes et les pays de droit écrit. Le cours de la Loire représente assez bien la démarcation qui existait entre ces deux régions si différentes.

Il faut bien se garder de croire, cependant, qu'au nord de la Loire, avant 1789, le droit romain n'ait eu aucune influence, aucune autorité ; qu'au sud de la Loire aucune coutume n'ait pris naissance. Ces deux éléments de notre droit, le droit romain et la coutume, se retrouvaient alors sur toute la surface de la France, mais à des degrés inégaux. Entre le Nord et le Midi, il n'y avait en réalité qu'une différence du plus au moins. Le Midi, plus pénétré par la civilisation romaine, en avait gardé plus complétement l'empreinte et en avait conservé plus fidèlement la législation ; le Nord, au contraire, plus imprégné de germanisme, avait donné un plus grand essor au génie national et avait relégué au second plan les lois romaines.

Il est un point de législation où apparaît dans toute sa force cette division profonde entre le Nord et le Midi : c'est le contrat de mariage. Embrassant les intérêts les plus élevés, puisqu'il a pour objet de garantir l'établissement de la famille, la prospérité du ménage, le patrimoine des enfants; puisqu'il assure la destinée des époux, les espérances de deux familles, l'avenir de plusieurs générations, le contrat de mariage est le plus important de tous les contrats, et il reflète nécessairement le génie particulier de chaque pays, l'état des mœurs et des institutions. Aussi est-ce surtout en ce qui concerne le contrat de mariage que se manifeste la différence profonde entre la législation du Nord et la législation du Midi.

Au Midi, en effet, régnait un régime matrimonial qui était né sur le sol étranger, et qui avait été apporté en Gaule par la conquête ; protection puissante accordée à la femme romaine, au milieu d'une société flétrie et corrompue : c'était le régime dotal.

Au Nord, au contraire, florissait un régime qui, sans doute, avait pris naissance en Germanie, mais que nos pères avaient apporté avec eux et qui s'était développé sur le sol national; régime éminemment équitable, qui confondait les biens et les intérêts pécuniaires des époux, comme le mariage confond leurs existences : c'était le régime de la communauté.

Seule, parmi les pays coutumiers, la Normandie avait

adopté le régime dotal, mais en lui faisant subir de graves modifications.

Le jour où les rédacteurs du code Napoléon commencèrent leur tâche immense, ils se trouvèrent en présence de ces deux régimes matrimoniaux si profondément différents. Devaient-ils imposer à toute la France un régime uniforme, sacrifier au régime de la communauté le régime dotal, ou au régime dotal le régime de la communauté ?

Les rédacteurs du code consacrèrent, en tête du titre du contrat de mariage, le grand principe de la liberté des conventions matrimoniales.

Mais appartenant presque tous aux pays coutumiers, et s'inspirant presque toujours des doctrines coutumières, ils passèrent sous silence le régime dotal dans le premier projet du code Napoléon. Ils laissaient bien, sans doute, la faculté de le stipuler expressément, en énumérant dans le contrat les différentes règles dont ce régime se compose, puisqu'au frontispice de leur œuvre ils avaient écrit le principe de la liberté des conventions matrimoniales ; mais, dans le texte du code, aucune place n'était réservée pour le développement des règles de ce régime.

La Normandie et les pays de droit écrit réclamèrent avec vivacité, et le résultat définitif de ce conflit fut l'adoption des deux régimes.

A Dieu ne plaise que nous nous permettions de blâmer, comme on l'a fait quelquefois, les rédacteurs du code Napoléon de n'avoir pas sacrifié le régime dotal au régime de la communauté ! La concession du régime dotal faite aux pays de droit écrit était une concession nécessaire, puisque ce régime avait le suffrage immémorial d'une portion considérable de la France. Nous aimons trop d'ailleurs la liberté pour ne pas approuver le législateur d'avoir laissé au Midi comme au Nord le libre choix de son régime matrimonial. Que le régime dotal vive donc à côté du régime de la communauté ! S'il est mauvais, s'il est contraire à l'intérêt des époux et à l'intérêt de la société, si, en réalité, il est une entrave au progrès, après un moment d'engouement qu'expliquent les circonstances, il ne tardera pas à disparaître ; car il n'y a que ce qui est vrai, que ce qui est juste, que ce qui est beau, que ce qui est profondément libéral, qui, en définitive, doive triompher dans le monde !

Beaucoup de personnes se mariant sans contrat, il était nécessaire de régler, soit pour le présent, soit pour l'avenir, leurs intérêts pécuniaires ; il fallait déterminer dans le code Napoléon un régime qui, à défaut de contrat, formât le droit commun de la France.

Ici la lutte recommença plus vive que jamais au sein du conseil d'Etat et du tribunat. Néanmoins le régime de la communauté triompha, malgré les réclamations du tribunal de Montpellier, qui, dans un style qu'il est inutile de qualifier, s'écriait en parlant de la communauté légale :

« C'est une pomme de discorde que le Nord de la France « veut jeter dans le Midi, fruit que la barbarie des Francs « avait cueilli sans doute dans les forêts de la Germanie, « et qu'elle a apporté dans les Gaules, au milieu du tu- « multe de la victoire et de la licence des camps. »

Quelles raisons graves déterminèrent donc les rédacteurs de nos codes à adopter, comme droit commun de la France, le régime de la communauté ?

C'est sous le règne d'Auguste, au moment où le despotisme impérial allait étouffer cette liberté qui avait fait la force et la gloire de la république romaine, que furent apportées les premières entraves au droit de propriété du mari sur le fonds dotal. C'est au milieu d'une société avilie et corrompue, où le mariage n'était plus en honneur, où le célibat jouissait de la faveur publique, où le divorce était devenu si fréquent que de grandes patriciennes ne comptaient plus leurs années par le nombre des consuls, mais par le nombre de leurs maris (1); où les guerres civiles avaient dépeuplé l'empire : c'est au milieu de cette société qu'apparaît cette première protection accordée à la dot : dernier mais inutile effort pour restaurer le mariage et raviver les sources de la population dans un monde décrépit, que le christianisme seul pouvait rajeunir.

Sous Justinien, ce système de protection se complète ; il devient exorbitant ; tout lui est sacrifié : l'intérêt du mari, le crédit des époux, l'intérêt de l'État et même la justice et la bonne foi (2). Aussi cet empereur est-il passé à la postérité flétri du titre d'*Uxorius*.

Voilà le régime que la conquête importa dans notre pays, et qui régna en maître dans nos provinces du Midi. Ces provinces avaient reçu profondément l'empreinte de la civilisation romaine, comme le témoignent encore aujourd'hui leurs mœurs, leur langue et ces ruines magnifiques que la plupart de nos villes du Midi conservent avec orgueil. Le régime dotal était donc pour elles un besoin, une nécessité. Aussi, en 1804, est-ce sur les réclamations de ces provinces qu'il fut introduit dans nos codes.

Pendant que le régime dotal marchait ainsi vers son complet développement dans l'empire romain, au fond des

(1) Sénèque, *De Beneficiis*.

(2) Loi *Assiduis*.

forêts de la Germanie apparaissaient les premiers germes de notre admirable doctrine coutumière. Point de dot apportée par la femme au mari dans cette société primitive. Comme à l'enfance de toutes les civilisations, en Germanie le mari achète sa femme. Et c'est ce prix de la puissance maritale, ou *mundium,* joint à un présent que, dans les mœurs de cette époque, l'époux devait faire à l'épouse au matin de ses noces (1), qui devint plus tard notre douaire coutumier. Nous voyons aussi dans les lois germaniques la femme survivante prendre une part dans les biens qui proviennent de l'industrie commune, *de omni re quam simul collaboraverint.* Voilà le point de départ et l'origine de notre communauté. Sans doute, dans les lois barbares, elle n'apparaît encore qu'à un état rudimentaire. Ici, le droit de la femme n'est que d'un tiers; là, ce n'est qu'un simple usufruit; mais partout nous rencontrons déjà l'idée mère de la communauté : le partage des biens provenant de l'industrie commune.

Ce n'est que plus tard, à l'époque féodale, que se développa complétement le régime de la communauté. Il était admirablement approprié aux mœurs du temps. Communes, corps de métiers, développement prodigieux des ordres monastiques, sociétés taisibles qui s'établissaient par la seule communauté de vie pendant l'an et jour, tout prouve qu'un des principaux caractères du moyen âge fut un goût prononcé pour l'association. Le régime de la communauté répondait à ces tendances.

Ainsi, le régime dotal est d'origine étrangère; le régime de la communauté, au contraire, est d'origine nationale.

(1) Le *morgengab.*

Mais à beaucoup d'autres points de vue, il y a une différence profonde entre ces deux régimes.

Quel est, en effet, le but du mariage, tel que nous le concevons, depuis l'émancipation de la femme sous l'influence bienfaisante du christianisme? N'est-ce pas de confondre deux existences en une seule, deux personnalités en une seule, de sorte que pensées, affections, travaux, plaisirs, tout désormais soit commun entre elles? Et l'union des personnes ne conduit-elle pas à la société des biens? Or, le régime dotal est en réalité un régime de séparation; les intérêts des époux y sont parfaitement distincts. Le régime de la communauté, au contraire, est de tout point en harmonie avec l'essence même du mariage; il établit en effet jusque dans les biens des époux cette union complète qui est l'idéal du mariage, qu'un économiste romain avait déjà rêvée quand il écrivait ces admirables paroles : *Nihil conspiciebatur in domo dividuum* (1), et qu'un jurisconsulte exprimait quand il définissait le mariage : *Consortium omnis vitæ* (2).

Est-il juste, d'ailleurs, que la femme ne recueille aucun fruit du labeur commun? Or, c'est ce qui arrive dans le régime dotal. Un des principaux caractères de ce régime est, en effet, un droit absolu de propriété du mari sur les fruits et revenus des biens dotaux. Sans doute il reçoit ces revenus pour soutenir les charges du mariage; mais quand il a satisfait à cette obligation, s'il y a un excédant, il en est seul propriétaire; il peut en acquérir des immeubles qui resteront sa propriété exclusive. Le régime dotal a donc le grand inconvénient de ne pas intéresser la femme

(1) Collumelle, Préface du liv. XII, *De re rustica.*

(2) Modestin, loi 1, Dig., *De rit. nupt.*

à la prospérité du ménage, et il amène ce résultat souverainement inique, que cette femme qui aura travaillé, économisé, souffert peut-être, verra la totalité des acquêts passer aux mains des héritiers du mari !

Au point de vue économique, les inconvénients du régime dotal sont considérables. L'inaliénabilité de la dot est, en effet, un des caractères principaux de ce régime. Etant inaliénable, le fonds dotal est frappé d'une sorte d'amortissement et est soustrait aux transactions, comme les biens du domaine public. Il y a donc là une entrave déplorable à la libre circulation des biens, et une grave atteinte à la richesse nationale.

« Le régime dotal encourage la mauvaise foi, les simulations et la chicane, par un système de contrainte, de prohibitions et de nullités. La femme peut échapper à des engagements contractés avec l'autorisation du mari, et dont elle a profité. L'hypothèque légale, à laquelle la femme ne peut pas renoncer, paralyse le crédit du mari. Les époux se voient privés, par cette double entrave, d'un capital qu'ils feraient fructifier dans le commerce et l'industrie, et forcés de garder un bien peut-être onéreux, si par exemple c'est un bien d'agrément, et quelquefois d'une surveillance difficile, s'il est situé à une grande distance de leur domicile (1). »

Ajoutons enfin que le régime dotal est un régime de défiance. Et si Basnage, l'illustre commentateur de la coutume de Normandie, a pu dire de cette coutume, qui pourtant se séparait profondément du droit romain : *Jamais coutume ne s'est plus défiée de la sagesse et de la*

(1) Dalloz, *Répertoire*, t. XIII, p. 42. — Troplong, Introduction au *Contrat de mariage*.

bonne conduite de l'homme que celle de Normandie (1); nous pouvons, avec une bien plus grande exactitude encore, adresser ce reproche au régime dotal.

Le régime de la communauté a donc une supériorité incontestable sur le régime dotal, et c'est avec raison que les rédacteurs du code l'ont choisi comme droit commun de la France.

La détermination d'un droit commun étant, d'ailleurs, particulièrement nécessaire pour ces mariages dénués de fortune qui ne peuvent payer la dépense d'un contrat, le régime dotal, dont la dénomination même suppose une dot et par conséquent la nécessité de stipulations qui la fixent et la garantissent, doit, par la force même des choses, être étranger à ces sortes de mariages, auxquels convient très-bien, au contraire, la communauté qui peut exister sans une dot et sans des biens acquis (2).

Les inconvénients du régime dotal, dont nous avons essayé de donner une idée, sont si graves, que, pour les éviter, on a soin presque toujours, dans la pratique, de modifier ce régime dans ses caractères essentiels. Tantôt, en effet, on stipule que le fonds dotal sera aliénable sous la condition de remploi; tantôt, pour intéresser la femme à la prospérité du ménage, à côté du régime dotal on stipule une clause de société d'acquêts. Ces deux graves modifications se trouvent réunies dans presque tous les contrats de mariage passés en Normandie.

Quelque importantes que soient ces modifications apportées au régime dotal, le régime de la communauté n'en reste pas moins à nos yeux le régime matrimonial

(1) Basnage, *De la Succession en propre.*
(2) *Rapport du tribun Duveyrier.* Locré, t. XIII, p. 339-340.

par excellence, celui qui se rapproche le plus de l'idéal du mariage.

Pourquoi donc y a-t-il en certains pays, en Normandie par exemple, une défiance presque universelle contre ce régime? Pourquoi y fait-on si souvent de l'adoption du régime dotal une condition *sine qua non* de la célébration du mariage? « L'habitude est la souveraine des « goûts et des affections, disait M. Berlier dans son exposé « des motifs au Corps législatif. » Ajoutons que le goût effréné du luxe qui envahit aujourd'hui toutes les classes de la population, la fièvre de spéculation, de grandes catastrophes financières et commerciales qui viennent fréquemment épouvanter notre société, le mariage devenu pour un grand nombre un marché, un moyen d'arriver à la fortune, sont de graves motifs de crainte qui font reculer devant l'adoption du régime de la communauté.

Il faut donc l'avouer : la prudence commande aujourd'hui d'adopter, comme on le fait en Normandie, le régime dotal, mais modifié par les deux clauses de société d'acquêts, et d'aliénabilité sous condition de remploi.

Quant à l'inaliénabilité absolue de la dot, cette entrave fâcheuse à la libre circulation des biens, nous appelons de tous nos vœux le jour où, définitivement et universellement condamnée dans la pratique, elle ne restera dans nos codes que comme un témoignage de l'esprit de modération et de conciliation qui anima les rédacteurs quand ils furent appelés à se prononcer entre le Nord et le Midi, entre les pays coutumiers et les pays de droit écrit. C'est du temps, c'est de l'expérience, c'est de la diffusion des lumières et des saines notions économiques qu'il faut attendre maintenant la suppression complète de « cette es-

« pèce d'amortissement de la propriété que le code civil « a laissé debout, au milieu des ruines de la main-morte, « comme une dernière entrave à la liberté! (1) »

(1) Troplong, *Contrat de mariage,* n° 3201. — Notre savant professeur, M. Oudot, à son cours de 1858-1859, après avoir comparé les différents régimes matrimoniaux, prononçait ces remarquables paroles : « Le *régime dotal* disparaîtra comme toute entrave au progrès. »

DROIT ROMAIN

DE FUNDO DOTALI [1]

(Dig., liv. 23, tit. 6.)

CHAPITRE PREMIER.

ORIGINES HISTORIQUES JUSQU'A LA LOI JULIA (AN 737 A. R. C.)

Rien de plus original que la constitution de la famille à la première époque de la législation romaine. Unité du pouvoir domestique, despotisme le plus complet, droit de vie et de mort, absorption de tous dans la personnalité d'un seul, tels étaient les principaux caractères de ce droit monstrueux et étrange qui s'appelait la *patria potestas*. Pour déraciner complétement ces abus, pour rendre à l'autorité paternelle et à l'autorité maritale leur vraie noblesse et leur vraie grandeur, il n'a fallu rien moins que l'influence irrésistible du Christianisme, influence dont l'empreinte est marquée à chaque page de la législation romaine.

(1) *Textes sur la dot*, par M. Pellat, doyen de la Faculté de Paris. Sec. édit., 1853. — *De la Condition du fonds dotal en droit romain*, par M. Demangeat, professeur suppléant à la Faculté de Paris. 1861.

Dans les premiers temps de Rome, la femme mariée, comme le fils, comme l'esclave, était soumise à l'autorité despotique de son mari. Le mari avait sur sa femme un droit de vie et de mort ; ce droit, il l'exerçait seul à l'origine ; mais plus tard il ne le conserva qu'à la condition de la juger dans une sorte de tribunal domestique : *consilium propinquorum* (1). Libre à lui de la vendre (2). Libre à lui de la répudier, car la femme, en réalité, n'était qu'une chose dont il avait la propriété ! Tout ce que la femme possédait au jour de son mariage, tout ce qu'elle acquérait depuis, entrait immédiatement dans le patrimoine du chef de famille. En droit, elle était considérée comme la sœur de ses enfants ; elle était *filiæ loco*. C'est à ce titre qu'elle succédait à son mari. Ajoutons à cela l'infériorité dédaigneuse dans laquelle les Romains, comme tous les peuples de l'antiquité, plaçaient les femmes, infériorité qui les entraîna plus tard vers le luxe et les plaisirs, et nous aurons une idée complète de l'espèce d'ilotisme dans lequel vivait la femme mariée à la première époque du droit romain.

Mais ce qu'il faut remarquer avec soin, c'est que cette extrême dépendance de la femme, et cette souveraineté du mari sur sa personne et sur ses biens, n'étaient pas alors la conséquence nécessaire de tout mariage. A cette époque, en effet, il y avait à Rome deux sortes de mariage, ou, plus exactement, une seule espèce de mariage, *justæ nuptiæ,* mais produisant des effets bien différents selon qu'elle était accompagnée ou non de certaines formes

(1) Tacite, *Annales*.

(2) Festus. Plutarque, *Vie de Numa*.

accidentelles (1). Dans le premier cas, le mariage était essentiellement libre; dans le second cas, il était entouré de solennités particulières. Le mariage contracté avec ces solennités produisait seul la *manus,* pouvoir absolu du mari sur sa femme.

Il est constant que le mariage, ainsi accompagné d'une *conventio in manum,* était le mariage vraiment romain. C'était le seul où figurât la lance *(hasta),* symbole de la puissance quiritaire (2). Il entourait la femme de plus de considération et de respect, et lui donnait le droit de porter le nom de *mater familias* (3). Les solennités qui l'accompagnaient étaient ou une cérémonie religieuse : la *confarreatio;* ou des formes civiles : la *coemptio.*

Le mari pouvait encore acquérir la *manus* par l'usucapion *(usu);* c'est-à-dire par une année de cohabitation non interrompue. La femme était donc en quelque sorte assimilée à un meuble; les meubles étant alors prescriptibles par un an (4). Libre à elle, pour éviter de tomber sous la puissance maritale, de fuir chaque année pendant trois nuits consécutives le domicile conjugal (5).

On comprend facilement que, dans le mariage ainsi accompagné de la *manus,* il ne pouvait être question de dot. La *conventio in manum* était en effet pour le mari un véritable titre d'acquisition *per universitatem,* comme la succession, comme l'adrogation (6). *Cum mulier viro*

(1) M. Pellat, *Traduction de Marezoll,* p. 416.

(2) Festus.

(3) Cicéron, *Topiques,* 3.

(4) M. Ortolan, t. II, p. 119.

(5) Gaïus, c. 1, § 111.

(6) Gaïus, c. 3, § 83.

in manum convenit, omnia quæ mulieris fuerunt, viri fiunt (1).

Cette extrème dépendance des femmes ne pouvait durer longtemps. La *manus* tomba bientôt en désuétude avec les solennités qui la conféraient, et, dès l'époque d'Auguste, presque tous les mariages étaient des mariages libres.

Dans le mariage libre, la femme, qui portait alors le nom de *matrona,* restait dans sa propre famille, sous l'autorité de son père, qui pouvait même (chose étrange!) la contraindre au divorce. Quant au mari, il n'acquérait aucun pouvoir sur ses biens, et restait totalement étranger à sa fortune. Les époux pouvaient, comme des étrangers, contracter entre eux (2). Ils avaient des actions l'un contre l'autre, à l'effet de répondre du dommage qu'ils s'étaient mutuellement causé (3). Au lieu donc de cette dépendance exagérée dans laquelle le mariage accompagné de la *manus* avait placé la femme, le mariage libre la faisait jouir d'une indépendance non moins exagérée. On sait quelles en furent les conséquences au point de vue des mœurs.

C'est le mariage libre qui devait donner naissance au régime dotal. Dans ce mariage, en effet, les biens de la femme restant en dehors de la puissance du mari, il fallut bien que la femme fît un apport pour contribuer aux charges du ménage; affectât une portion de ses biens à l'entretien et aux besoins de la famille. Voilà l'origine de la dot.

(1) Cicéron, *Topiques* 4.

(2) Loi 5, § 3, *De donat. int. vir. et ux.*

(3) Ulpien, loi 27, § 30, *Ad leg. Aquil.*

A cette époque, tout mariage libre devait-il nécessairement être accompagné d'une dot? Nous ne le pensons pas. C'est Auguste, le premier, qui obligea les pères à doter leurs enfants. Toutefois il est certain que même avant l'empire, la dot joua un grand rôle. C'était la dot en effet qui distinguait la femme légitime de la concubine. Malheur aux filles non dotées *(indotatæ)*, car elles pouvaient attendre longtemps un mari! (1) Peuple essentiellement cupide, les Romains envisagèrent dès lors le mariage comme un moyen d'arriver à la fortune.

Il est constant en effet que le mari avait à cette époque la propriété pleine et exclusive de la dot. Il était, dans toute l'acception du mot : *dominus dotis*. Libre à lui de laisser périr les biens constitués en dot! Libre à lui de les aliéner! Libre à lui de les hypothéquer! car il est propriétaire dans toute la force du terme; il a le *dominium*. Tout cela est mis hors de doute par un grand nombre de textes (2).

Mais ce droit absolu de propriété du mari sur les biens dotaux ne fut pas de longue durée. Depuis l'époque où la dot devint d'un usage général jusqu'à Justinien, nous voyons ce droit tous les jours battu en brèche. Chaque siècle en emporte quelque chose; jusqu'au jour où l'empereur Justinien dans sa célèbre Constitution de 529, qui forme la loi 30 au code *De jure dotium*, appellera le droit de propriété du mari une *subtilitas legum*.

Une première atteinte au droit de propriété du mari fut la résolution de la dot dans certains cas; par exemple

(1) Plaute, *Aulularia*, acte III, scène VI.

(2) Gaïus, C. 2, § 62 et 63; loi 49, *De furtis*: loi 24, *De act. rer. amot.*, etc., etc.

au cas de dot profectice. Si le père, qui avait doté sa fille, lui survivait, on décidait que la dot lui ferait retour *solatii causa. Ne et filiæ amissæ et pecuniæ damnum sentiret,* dit un jurisconsulte (1). Seulement le mari avait le droit de retenir un cinquième de la dot pour chaque enfant issu du mariage (2).

Une seconde atteinte au droit de propriété du mari, atteinte beaucoup plus grave que la première, est l'action en restitution de la dot : *actio rei uxoriæ.* Longtemps inconnue à Rome, cette action y naquit avec l'usage du divorce. Dès les premiers temps de Rome, le divorce était permis ; dans certains cas le mari pouvait répudier sa femme. Mais la simplicité des mœurs, les vertus domestiques qui firent la gloire des premiers Romains, ne leur firent pas sentir la nécessité d'user du divorce. S'il faut en croire Servius Sulpicius, cité par Aulu-Gelle, c'est seulement dans le cinquième siècle de la fondation de Rome, qu'un citoyen romain, Carvilius Ruga, répudia sa femme ; et encore encourut-il pour ce fait la désapprobation de la ville entière (3).

L'exemple fut contagieux et les divorces se multiplièrent. Dès lors on prit des mesures en vue des seconds mariages. *Tunc primum cautiones rei uxoriæ necessarias esse visas, quum Spurius Carvilius Ruga, vir nobilis, divortium cum uxore fecit* (4). On stipula donc d'abord la restitution de la dot en cas de divorce : *cautio rei uxoriæ.* Puis le préteur remplaça cette convention par une

(1) Pomponius, loi 6, *De jure dot.*

(2) Fr. d'Ulp., t. VI, § 4.

(3) Aulu-Gelle, *Nuits attiques*, 4, 3. — Valère Maxime, 2, 1. — Denys d'Halic., *Antiq. rom.*, 2.

(4) Aulu-Gelle.

action : *actio rei uxoriæ*. Ainsi la dot dut être restituée à la femme en cas de divorce. Elle dut encore être restituée en cas de prédécès du mari. On sentait déjà à Rome la nécessité de favoriser les secondes noces ; et c'est là ce qui faisait dire plus tard au jurisconsulte Paul : *Interest reipublicæ dotes mulierum salvas esse, propter quas nubere possint* (1).

De tout ce qui précède, nous pouvons conclure que, même avant la loi Julia, le droit de propriété du mari avait subi de graves modifications. Nous allons voir quel coup lui porta l'empereur Auguste.

CHAPITRE II.

DE LA CONDITION DU FONDS DOTAL SOUS L'EMPIRE DE LA LOI JULIA.

SECTION I.

Origine, but et caractère de la loi Julia.

Quand Auguste monta sur le trône, l'empire romain portait déjà dans son sein bien des germes de ruine. La dépravation des mœurs, la multiplicité des divorces, la dépopulation de l'empire, menaçaient son existence. Il fallait une réforme prompte et radicale.

Depuis que Rome avait conquis l'Asie, ses mœurs s'étaient corrompues. Le luxe asiatique avait envahi l'Italie. Les maîtres du monde se livraient déjà à cette débauche sans frein dont Tacite nous à laissé une saisissante peinture. L'adultère avait dépassé tous les excès ; et

(1) Loi 2, Dig., *De Jur. dot.*

les écrivains du temps nous montrent qu'il y avait alors dans la société un éloignement invincible pour le mariage (1). « C'est à peine si on se mariait, dit M. Troplong ; la corruption des mœurs, la soumission des « femmes esclaves, l'égoïsme produit par les malheurs « publics, avaient dégoûté les Romains du mariage..... « Le célibat donnait une existence considérable et privi- « légiée (2). »

Le divorce surtout s'était multiplié d'une façon véritablement effrayante. L'exemple partait de haut. On avait vu les Cicéron, les Paul-Émile, répudier leurs femmes sur les prétextes les plus futiles. On voyait Mécène arriver à la célébrité par ses mille mariages et ses divorces quotidiens (3). La multiplicité des divorces devint d'autant plus grande, que non-seulement le mari, comme à l'origine du droit romain, mais encore la femme, pouvaient par cette voie dissoudre leur union. Nous avons déjà cité Sénèque, d'après lequel certaines dames illustres ne comptaient plus leurs années par le nombre des consuls, mais par le nombre de leurs maris (4). Donc, on ne se mariait pas, ou le mariage était changé en libertinage par des divorces annuels.

Les guerres civiles et les proscriptions avaient considérablement diminué la population. Il fallait à tout prix remédier à un mal d'autant plus dangereux que les Barbares inquiétaient déjà les frontières de l'empire, et qu'on avait besoin de bras pour les contenir ou les combattre. A

(1) Plaute, *Miles gloriosus*. — Aulu-Gelle.

(2) Troplong, *Influence du christianisme sur le droit romain*.

(3) *Qui uxorem millies duxit*. (Sénèque, lettre 114.)

(4) Sénèque, liv. 3, ch. 16.

Rome même l'accroissement presque indéfini des esclaves et des prolétaires était un danger non moins sérieux.

Auguste, vers la fin de son règne, sans se laisser effrayer par la grandeur de l'œuvre, entreprit courageusement une réforme. Il attaqua l'adultère par des peines sévères (*lex Julia de adulteriis*), et il chercha à restreindre le nombre des divorces. Il encouragea le mariage et la procréation des enfants, et proscrivit le célibat, en faisant appel au seul sentiment qui restât encore au cœur des Romains : l'amour de l'argent (lois *Julia* et *Pappia Poppæa*). Enfin il favorisa les secondes noces en apportant de nouvelles entraves au droit de propriété du mari sur le fonds dotal (1).

Avant Auguste, sans doute, cette propriété du mari avait déjà reçu quelques restrictions, puisque le divorce amenait avec lui la nécessité de restituer la dot. Mais ces restrictions étaient insuffisantes. Qu'arrivait-il en effet le plus souvent? Le mari aliénait le fonds dotal, et la femme, à la dissolution du mariage, n'avait plus vis-à-vis d'elle qu'un créancier insolvable. Par la loi *Julia*, Auguste défendit au mari d'aliéner le fonds dotal sans le consentement de sa femme.

Cette loi Julia (an 737 a. R. c.) faisait partie d'un ensemble de lois dont beaucoup portent le même nom. Il faut bien se garder de la confondre, comme on l'a fait trop souvent, avec la célèbre loi Julia *De maritandis ordinibus* qui, réunie à la loi Pappia Poppœa, compose cet ensemble de législation qu'on appelle les lois caducaires.

(1) Toutes ces lois firent une profonde impression dans la société romaine : *Utque antehac flagitiis, ita tunc legibus laborabatur.* (Tacite, *Annales*, III, 25.) Elles ne parvinrent pas cependant à réformer les mœurs.

La loi Julia dont nous nous occupons est la loi Julia *De adulteriis*.

Comment cette loi, qui s'occupait de l'inaliénabilité du fonds dotal, s'occupait-elle en même temps de l'adultère? Quelle connexité y avait-il donc, en droit romain, entre ces deux matières si dissemblables au premier abord? Cette question intéressante a donné lieu à plusieurs interprétations.

Hugo et presque tous les auteurs prétendent que l'inaliénabilité du fonds dotal était une garantie qu'en cas d'adultère de la femme, l'*accusatio adulterii* fût effectivement exercée par le mari. L'*accusatio adulterii* ne pouvait être intentée qu'à la condition pour le mari de divorcer préalablement; or, le divorce amenait avec lui, comme première conséquence la restitution de la dot. Si donc, le mari ayant aliéné le fonds dotal, cette aliénation eût toujours été définitive, le mari eût le plus souvent préféré renoncer à l'*accusatio adulterii*, plutôt que de s'obliger à une restitution désormais impossible. Mais la loi Julia ayant posé le principe de l'inaliénabilité, ce danger disparaissait.

Bien que cette interprétation de Hugo soit spécieuse, nous ne pouvons l'admettre. Nul doute assurément qu'elle ne dût pleinement triompher si l'inaliénabilité du fonds dotal, aux termes de la loi Julia, était absolue. Mais, nous l'avons déjà dit, le consentement de la femme suffit pour valider l'aliénation. Nous aurions donc une loi, créée pour édicter une garantie contre l'adultère de la femme, et cette même loi, par une bizarrerie inexplicable, permettrait à la femme de faire disparaître cette garantie par une simple manifestation de sa volonté. Il y a donc là, il faut l'avouer, une contradiction manifeste qui nous autorise à rejeter l'explication de Hugo.

Notre savant professeur, M. Demangeat, explique tout simplement ce problème (1). Le but évident de notre loi Julia, comme des lois caducaires, a été de favoriser le mariage. Or, d'un côté, la loi Julia en punissant l'adultère encourageait les hommes au mariage, puisqu'elle leur offrait un moyen plus facile de réprimer l'infidélité des femmes; d'un autre côté, en protégeant le fonds dotal, elle encourageait les femmes au mariage, puisqu'elle mettait une partie de leur fortune à l'abri de la dissipation du mari.

La juxtaposition, dans la loi Julia, de ces deux ordres d'idées, répression de l'adultère et protection accordée à la dot, ne peut donc s'expliquer que par l'identité de leur but.

Il est incontestable, nous l'avons vu, qu'en droit romain, avant la loi Julia, le mari était *dominus dotis,* propriétaire des choses dotales. La loi Julia, en défendant l'aliénation du fonds dotal sans le consentement de la femme, a-t-elle donc eu pour conséquence d'attribuer ou de conserver à la femme une sorte de propriété sur ce fonds?

Non certainement. Après la loi Julia, comme avant cette loi, le mari est seul *dominus dotis.* De nombreux textes le prouvent : ainsi, la loi 7 de notre titre, supposant qu'une servitude existe sur le fonds du mari au profit du fonds dotal, décide qu'au moment de la constitution de dot cette servitude s'éteindra par confusion en vertu de la règle : *Nemini res sua servit.* Nous pourrions citer encore une constitution de Dioclétien, qui forme la loi 23 au code *De*

(1) *De la condition du fonds dotal en droit romain,* p. 60.

jure dotium. La loi Julia elle-même ne démontre-t-elle pas invinciblement ce droit de propriété du mari ? Si la loi Julia défend au mari d'aliéner les immeubles dotaux, dit M. de Savigny, la possibilité et la nécessité de cette défense est la meilleure preuve de sa propriété (1). Quant aux textes qui paraissent, au premier abord, donner à la femme un droit de propriété, en les étudiant attentivement, on découvre bientôt qu'ils consacrent au contraire le droit de propriété du mari, ou du moins qu'ils sont compatibles avec lui (2).

SECTION II.

A quels biens s'appliquaient les prohibitions de la loi Julia ?

Une première question fort importante, est celle de savoir si la loi Julia s'appliquait indistinctement aux fonds italiques et aux fonds provinciaux, ou seulement aux fonds italiques ou jouissant du *jus italicum*.

Justinien, dans la loi 1, § 15, au code *De rei uxor. act.*, et dans les Institutes, liv. 2, tit. 8, dit positivement que la loi Julia ne s'appliquait pas aux fonds provinciaux : *Cum enim lex in soli tantummodo rebus locum habebat, quæ italicæ fuerant..... remedium imposuimus, ut etiam in eas res quæ in provinciali solo positæ sunt interdicta sit alienatio vel obligatio*. Ainsi s'exprime l'empereur aux Institutes.

Mais la découverte des Institutes de Gaius a prouvé l'inexactitude de l'assertion de Justinien. Il est désormais

(1) M. de Savigny, *Traité de droit romain*, t. II, p. 114.

(2) Macer, loi 15, § 3, II, 8. — Paul, loi 21, § 4, 50, 1. — Ulpien, loi 7, § 12, 24, 3. — Gaïus, loi 81, § 1, 35, 2. — Tryphoninus, loi 75, 23, 3. — Édit du préfet d'Égypte, Tibérius Julius Alexander.

constant que la loi Julia ne s'occupait en aucune façon de la distinction entre les fonds italiques et les fonds provinciaux. En effet, à l'époque de Gaius, c'était une grave question que celle de savoir si cette distinction devait être faite. En parlant des prohibitions de la loi Julia, Gaius nous dit en effet dans son Comm. 2, § 63 : *Quod quidem jus utrum ad italica tantum prædia an etiam ad provincialia pertineat dubitatur*. Concluons donc que la loi Julia ne parlait pas de la distinction qui nous occupe, et que si les jurisconsultes ont néanmoins décidé que la loi Julia ne s'appliquait pas aux fonds provinciaux, c'est qu'elle parlait d'*alienatio,* et que les fonds provinciaux, n'étant pas susceptibles d'une véritable propriété privée, ne pouvaient faire l'objet d'une transmission de propriété d'un particulier à un autre. Gaius nous dit en effet, dans son Comm. 2, § 7, en parlant des fonds provinciaux : *In eo solo dominium populi romani est vel Cæsaris*; *nos autem possessionem tantum et usumfructum habere videmur.*

Une seconde question non moins importante que la première, est celle de savoir si la loi Julia s'appliquait à tous les biens dotaux indistinctement, ou seulement aux immeubles. Quelle était, en un mot, sous l'empire de la loi Julia, la condition de la dot mobilière en droit romain?

A cette question, la réponse est facile. Tous les textes, en effet, qui se réfèrent à la limitation apportée au droit de propriété du mari par la loi Julia, ne s'occupent que des immeubles dotaux. Ainsi le § 63 du c. 2 de Gaius, que nous avons déjà cité, parle du *dotale prædium;* ainsi encore les titres du Digeste et du code qui parlent de la condition de la dot sont intitulés : *De fundo dotali*. Enfin le pr. du tit. 2, liv. 8, Instit. emploie l'expression non équivoque de *res soli*. Toutes ces locutions démontrent surabondamment que la dot mobilière en droit romain était libre aux mains du mari. Complétons néanmoins cette démonstration.

Dans les idées romaines, au premier rang des choses mobilières, se placent les esclaves; or, le mari en droit romain peut à son gré disposer des esclaves dotaux; il peut même les affranchir. Si le mari est solvable, l'affranchissement est valable, dit Papinien, dans la loi 21, *De manumiss.* Si, au contraire, il est insolvable, l'affranchissement est nul en vertu de la loi OElia Sentia, car cet affranchissement est fait *in fraudem mulieris*, et la femme ici joue le rôle de créancière. Cette assimilation du *servus dotalis* au *servus marito proprius* résulte encore d'une constitution de Gordien qui forme la loi 7 au code (7-8). Et l'empereur Alexandre, dans la loi 3, au code, *De jur. dot*, décide que, même après la dissolution du mariage, le mari peut affranchir le *servus dotalis*.

Quant aux droits de créance (*nomina*) constitués en dot, plusieurs textes permettent au mari de les éteindre par novation ou acceptilation, même sans le consentement de la femme; mais il est probable que cette liberté était restreinte aux créances purement mobilières.

C'est donc un point que nous devons désormais accepter comme constant, que la propriété du mari n'était nullement restreinte par la loi Julia, quant aux meubles dotaux.

Il y avait également une classe d'immeubles affranchis entre les mains du mari des prohibitions de la loi Julia : nous voulons parler des immeubles apportés en dot avec estimation, *æstimatio venditio est* : tel est le principe posé par les jurisconsultes romains. Ce principe était fécond en conséquences. En effet, moyennant cette estimation, le mari constitué débiteur d'une somme d'argent était désormais responsable de la perte même purement accidentelle de la chose : *genera non pereunt;* de même, si nous supposons que le *tradens* n'était pas propriétaire, l'usucapion qui s'accomplira au profit de l'*accipiens*, c'est-à-dire du mari, ne sera pas l'usucapion *pro dote,* mais sera l'usucapion *pro emptore;* de même si le mari était évincé, il pouvait, *emptoris loco,* agir en garantie par l'action *ex empto* ou par l'action *ex stipulatu duplæ;* de même enfin (et c'est la conséquence dont nous avons à nous occuper ici) en cas de constitution d'un immeuble en dot avec estimation, ce qui désormais était dotal, ce n'était pas le fonds lui-même, c'était uniquement l'estimation; le droit du mari sur le *prædium æstimatum* n'était donc pas limité par les prohibitions de la loi Julia. (Loi 6, c. *De usufr.*)

Il arrivait quelquefois à Rome que la chose apportée en dot était estimée purement et simplement, et alors il y avait lieu d'appliquer les décisions qui précèdent. Mais il arrivait aussi que l'immeuble ayant été estimé, on ajoutait une convention spéciale d'après laquelle, malgré l'estimation, la chose même devait être restituée à la femme à la dissolution du mariage. Impossible alors de dire que l'estimation valût vente, et que l'immeuble pût être aliéné par le mari sans le consentement de sa femme. Dans ce cas, l'estimation était faite *taxationis causa;* c'est-à-dire que si ultérieurement il y avait perte de la chose ainsi estimée et qu'il y eût faute de la part du mari, l'estimation devait servir à déterminer le montant du recours que la femme aurait à exercer contre lui.

Cette distinction, si importante d'ailleurs, entre l'*æstimatio quæ venditio est* et l'*æstimatio taxationis causa* est consacrée formellement par les textes suivants : Papinien. Loi 69, § 7, *De jur. dot.* Javolenus. Loi 32, pr. (23-4). Alexandre. Loi 5, c. (v. 12). Diocl. et Maxim. Loi 21, c. (v. 12). Sév. et Anton. Loi 1, c. (v. 18).

Pour qu'un immeuble tombe sous la prohibition de la loi Julia, une première condition indispensable c'est que cet immeuble ait été constitué en dot. Peu importe, au reste, que cette constitution ait eu lieu par *datio*, *dictio* ou *promissio;* peu importe également qu'elle ait été faite avant ou pendant le mariage; peu importe enfin qu'elle ait été faite par la femme ou par un tiers. *Si mulieris nomine quis fundum in dotem dederit, dotalis fundus erit*, dit Paul, dans la loi 14, § 1 de notre titre.

A partir de quel instant la dotalité et par conséquent l'inaliénabilité frappait-elle l'immeuble ainsi constitué en dot? La réponse se trouve dans la loi 13, § 2 de notre titre : *cum dominium marito quæsitum est.* Et cette décision doit être donnée non-seulement au cas où le mari acquiert sur le fond le *dominium ex jure Quiritium*; mais encore au cas où il reçoit le fonds *in bonis.*

Si le mari doit à la femme un fonds qui actuellement appartient à autrui et que la femme le lui promette à titre de dot, la condition du fonds sera en suspens, et il ne deviendra dotal qu'après que le mari l'aura acquis. (Loi 14, § 2 de n. tit.)

Le même testament contient une institution d'héritier au profit du mari, et le legs d'un immeuble au profit de la femme; si la femme, pour se constituer une dot, répudie le legs, le fonds est dotal. Il en est de même si, le mari lui étant substitué, elle répudie l'hérédité ou le legs. (Loi 14, § 3 de n. tit.)

Il en serait encore de même si un tiers *dotis causa* répudiait au profit du mari l'hérédité ou le legs dont il aurait été gratifié. (Loi 5, § 5, *De jur dot.*) Mais dans l'espèce de cette loi la dot ne sera pas profectice (1).

Peu importe, au reste, que le fonds constitué en dot soit livré au mari ou à quelqu'un qu'il aurait désigné ; le fonds est également inaliénable entre les mains de ce tiers. (Loi 14, pr. de n. tit.)

A la différence de l'*Oratio Severi* qui ne s'appliquait qu'aux immeubles ruraux ou suburbains des mineurs de vingt-cinq ans, la loi Julia s'appliquait à tous les immeubles tant urbains que ruraux. (Loi 13, pr. de n. tit.)

Elle recevait encore son application au cas ou la constitution de dot portait sur une portion indivise d'un fonds. Cette portion indivise étant par conséquent inaliénable aux mains du mari, le mari ne pouvait en provoquer le partage. (Loi 13, § 1 de n. tit.) Nous développerons ce point dans un des paragraphes suivants.

Si nous supposons maintenant qu'un esclave fasse partie de la constitution de dot, la propriété de cet esclave, de même que la propriété de tous les objets mobiliers, est entièrement libre aux mains du mari. Mais quelle sera la condition des biens acquis par cet esclave? L'esclave, en effet, étant *alieni juris* ne peut rien conserver pour lui-même. Quand donc le *dominium* d'une chose lui est transféré, ce *dominium* ne demeure sur sa tête qu'un instant de raison et va grossir la fortune de son maître. Or, si

(1) M. Pellat, p. 60.

l'objet ainsi acquis par l'esclave dotal est un immeuble, cet immeuble sera-t-il aliénable comme l'esclave lui-même ou tombera-t-il sous l'application de la loi Julia? Paul, dans la loi 3 de notre titre, s'exprime ainsi : *Fundus, dotali servo legatus, ad legem Juliam pertinet, quasi dotalis.* Ainsi la protection de la loi Julia s'étend à tout immeuble acquis *per servum dotalem,* soit par legs, soit par donation entre vifs, soit à titre d'héritier.

La loi 4 de notre titre nous autorise à appliquer cette décision au cas où il s'agit d'une acquisition faite par un esclave transféré *dotis causa* à un simple fiancé; nous devons l'étendre encore au cas où cet immeuble ainsi acquis *per servum dotalem* a été acquis après la dissolution du mariage, la dot n'étant pas encore restituée. (Loi 31, § 4, *Solut. matr.*)

Toutes ces décisions ne sont, au reste, qu'une application d'un principe général, en vertu duquel tout ce que le mari acquiert à l'occasion de la chose apportée en dot et qui n'a pas le caractère de fruits, est dotal et par conséquent doit être restitué à la femme, sans qu'il y ait lieu de distinguer si l'acquisition s'est accomplie *durante matrimonio* ou après la dissolution du mariage. Il n'y a d'exception à cette règle que dans le cas ou l'acquisition provient *ex re mariti.* (Loi 64, § 5, *Solut. matrim.* — Voir cependant : Loi 78, §, 4, *De jur. dot.*)

SECTION III.

Étendue et sanction des prohibitions de la loi Julia.

Nous avons vu que la loi Julia avait pour but de protéger la femme mariée en mettant une partie de sa dot à l'abri des dilapidations du mari. Il nous reste maintenant à étudier quelle était l'étendue de cette garantie.

Et d'abord le mari, bien que *dominus dotis,* ne pouvait aliéner le fonds dotal qu'avec le consentement de sa femme.

Mais quelle était l'étendue de cette prohibition d'aliéner?

Dans la loi 1, au code *De fund. dot.*, les empereurs Sévère et Antonin s'expriment ainsi : *Est autem alienatio omnis actus per quem dominium transfertur*. Le mot *alienatio* renferme donc tout acte dont l'objet serait de faire changer de main, sans le consentement de la femme, la propriété du fonds dotal. Et peu importe que cet acte soit un acte entre vifs ou à cause de mort, à titre gratuit ou à titre onéreux, ayant pour but de transférer à un tiers la pleine propriété du fonds ou seulement un démembrement de la propriété. Tous ces actes tombent sous le coup de la prohibition de la loi Julia.

Mais il est bien entendu que la prohibition d'aliéner tombe dès l'instant où la femme donne son consentement à l'aliénation. Et peu importe que ce consentement soit exprès ou tacite ; soit donné avant l'aliénation ou après l'aliénation sous forme de ratification ; dans tous les cas l'aliénation est valable. Singulière législation, qui, voulant protéger la femme mariée, subordonnait cette protection à sa propre volonté, oubliant en quelque sorte l'état de dépendance dans lequel se trouve, vis-à-vis de son mari, toute femme qui a contracté mariage.

La prohibition d'aliéner le fonds dotal s'étendait, avons-nous dit, non-seulement à la propriété, mais encore aux démembrements de propriété. Ulpien, en effet, dans la loi 5 de notre titre, s'exprime ainsi : *Julianus, lib.* 16,

Dig. scripsit neque servitutes fundo debitas posse maritum amittere, neque alias ei imponere. Deux hypothèses bien distinctes sont prévues dans ce texte.

En premier lieu, le jurisconsulte défend au mari d'établir des servitudes sans le consentement de sa femme sur le fonds dotal. Il y aurait là, en effet, une véritable *alienatio* d'une portion du *jus utendi* du fonds dotal. Et ce qu'il dit des servitudes doit également être entendu des autres droits réels. Ainsi le mari ne pourrait établir sur le fonds dotal ni un droit d'emphythéose ou de superficie (bien que ces droits ne fussent pas reconnus par le *jus civile*), ni un droit de gage ou d'hypothèque, comme nous le verrons plus loin.

En second lieu, le jurisconsulte défend au mari de perdre sans le consentement de sa femme les droits de servitude qui appartiennent au fonds dotal : *servitutes fundo debitas amittere.* Cette perte, en effet, serait une aliénation partielle de ce fonds, puisqu'elle aurait pour effet d'en détacher une qualité qui y était inhérente, selon la définition que Celsus donne des servitudes, dans la loi 86 *De verb. signif.* Et cette décision devrait être également donnée au cas où le fonds dotal se serait enrichi de cette servitude *ex re mariti,* avec l'argent du mari ; car on ne peut concevoir la servitude comme existant séparément du fonds ; mais évidemment alors le mari devrait être indemnisé. Quant au mot *amittere* du texte, il signifie tout à la fois que le mari ne peut ni faire périr, ni laisser périr la servitude : ni la faire périr, par exemple par *in jure cessio* sous forme d'action négatoire ; ni la laisser périr, par exemple *non utendo,* par le non-usage prolongé pendant deux ans. *Vix est enim ut non videatur alienare qui pa-*

titur usucapi ; eum quoque alienare dicitur qui non utendo amisit servitutes. (Paul. Loi 28 pr. *De verb. sig.*)

Il est donc incontestable que les servitudes rurales (*Servitutes prædiorum rusticorum*) appartenant à un fonds dotal étaient inaliénables depuis la loi Julia. Cependant la loi 5, § 6 *De donat int. vir. et ux.* paraît être en contradiction avec ce principe; mais cette contradiction tient à la diversité des motifs qui ont dicté ces deux solutions.

Il y a une classe fort importante de servitudes prédiales qui ne peuvent s'éteindre par le simple non-usage : nous voulons parler des servitudes urbaines. *(Servitutes prædiorum urbanorum.)* Les bornes nécessairement restreintes d'une thèse ne nous permettent pas d'étudier ici la question si grave et si controversée de savoir quels sont les caractères qui distinguent les deux classes de servitudes prédiales. Qu'il nous soit seulement permis de dire qu'entre tous les systèmes, celui auquel nous croyons devoir donner la préférence est celui qui considère comme servitude urbaine toute servitude dont le nom réveille dans l'esprit l'idée d'un bâtiment ou d'une construction. Quoi qu'il en soit, les servitudes urbaines s'éteignent par le non-usage de deux ans, accompagné d'un acte du propriétaire du fonds servant contraire à la servitude. C'est ce qu'on appelle *usucapio libertatis.*

Étant donc donnée une servitude urbaine constituée sur un fonds au profit du fonds dotal, le propriétaire du fonds servant, s'il a fait quelque chose de contraire à cette servitude, pourra-t-il se prévaloir de l'inaction du mari prolongée pendant deux ans pour prétendre que la servitude est éteinte? Non, certainement ; *nec libertas servitutis urbano prædio dotali debitæ competit,* dit la loi 6 de notre titre. Cependant cette règle devrait souffrir exception au cas où avant la constitution de dot le propriétaire du fonds servant aurait déjà fait l'acte contraire à la servitude.

Nous trouverons dans la section suivante une autre exception à ces principes.

Que décider, maintenant, au cas où une servitude personnelle, un droit d'usufruit, par exemple, a été constitué en dot? Cet usufruit ne pourra-t-il être aliéné par le mari qu'avec le consentement de sa femme?

Nullement. L'usufruit ainsi constitué en dot s'éteint *non utendo*. Il s'éteint également par la renonciation que fait le mari par une *in jure cessio* au profit du nu propriétaire. (Tryphoninus. Loi 78, § 2, *De jur. dot.*)

Pourquoi ces décisions si différentes quand il s'agit d'usufruit, ou quand il s'agit de servitudes prédiales? On peut en donner deux raisons : la première, tirée des termes mêmes de la loi Julia : *fundus* ou *prædium,* termes absolument inapplicables à l'usufruit; la seconde, tirée de l'excessive fragilité de cette servitude personnelle, fragilité à cause de laquelle on n'aura pas voulu déroger aux règles ordinaires de l'extinction des servitudes par le non-usage.

Une question fort importante à étudier, en droit romain comme en droit français, est celle de savoir quelle sera l'influence des dettes des époux sur l'inaliénabilité du fonds dotal. Plusieurs hypothèses peuvent se présenter : le mari peut avoir contracté des dettes envers des tiers; la femme peut avoir contracté des dettes envers des tiers; les époux peuvent avoir contracté des dettes entre eux. Examinons successivement ces trois hypothèses :

A l'époque des jurisconsultes, la voie d'exécution sur les biens qui tenait lieu de notre saisie immobilière s'appelait la *venditio bonorum*. Cette voie d'exécution, qui disparut plus tard avec le système formulaire, ne datait que de la fin de la République. (Publius Rutilius, préteur. Commenc. du 7e siècle a. R. c.) La *venditio bonorum* était une vente en bloc (*per universitatem*) de tous les biens d'un débiteur sur la poursuite de ses créanciers.

Si donc nous supposons que le mari ait contracté des dettes envers des tiers et que ses créanciers procèdent contre lui à la *venditio bonorum*, le fonds dotal sera-t-il adjugé avec les autres biens du mari au plus offrant enchérisseur ? Oui, évidemment ; car le mari est *dominus dotis*. Le fonds dotal sera donc compris dans la *missio in possessionem* et dans la *venditio* des biens. Dès lors le caractère d'inaliénabilité s'efface ; mais comme il y a déconfiture du mari, malgré le principe qui défend la restitution de la dot *durante matrimonio*, on permet alors à la femme d'exercer son action *rei uxoriæ* et de se prévaloir de son privilége. Remarquons néanmoins qu'elle pourra être primée par certains créanciers plus privilégiés qu'elle, par exemple : les créanciers funéraires, si la *venditio bonorum* n'a lieu qu'après la mort du mari (Sent. de Paul., t. XXI, liv. 1, § 15) ; le fisc, soit qu'il ait contre le mari une créance contractuelle, soit que le mari ait rempli les fonctions d'administrateur comptable. (Code, t. XXXVIII, liv. 12.)

Que dirons-nous des dettes de la femme ? Changeront-elles aussi la condition du fonds dotal ? Et d'abord ces dettes peuvent être antérieures ou postérieures à la constitution de dot. Sont-elles antérieures ? Évidemment alors si le créancier de la femme a hypothèque sur le fonds dotal, ou si la constitution de dot a été faite *in fraudem creditorum*, le créancier peut toujours agir sur le fonds dotal, dans le premier cas par l'action hypothécaire, dans le second cas par l'action Paulienne.

Pour ce qui concerne les dettes antérieures qui ne peuvent donner lieu à ces actions, ou les dettes postérieures à la constitution de dot, elles ne peuvent nuire au droit de propriété du mari. Par une faveur spéciale, le mari pourrait sans doute alors restituer la dot, mais s'il préfère conserver son droit intact, les créanciers n'ont le choix qu'entre ces deux partis : poursuivre, *durante matrimonio*, la *venditio* des paraphernaux de la femme, y compris son droit éventuel à exercer l'action *rei uxoriæ* ; attendre la dissolution du mariage et faire vendre alors tous les biens de la femme, y compris les biens restitués.

En supposant que la femme se soit constitué en dot tous ses biens, cette espèce de *successio per universitatem* a-t-elle pour effet de mettre toutes ses dettes à la charge de son mari ? Non. Seulement, par la *condictio indebiti*, la femme pourra répéter contre son mari une portion de ses biens jusqu'à concurrence de la somme nécessaire à l'acquittement de ses dettes. *Bona non intelliguntur nisi deducto œre alieno*. (Paul, loi 39, § 1, *De verb. sign.* (1).

Il se peut enfin que le créancier de la femme soit le mari lui-même. Si la femme est ainsi devenue débitrice envers lui par une obligation contractée avant le mariage, ou même *durante matrimonio,* le mari a les droits d'un créancier ordinaire.

Mais il se peut que la femme soit devenue débitrice envers son mari pour impenses par lui faites relativement

(1) M. Pellat, p. 335.

aux biens dotaux. Au temps des jurisconsultes il faut distinguer soigneusement la nature de ces impenses. Les dépenses d'entretien et les dépenses voluptuaires ne donnaient lieu à aucun recours du mari contre la femme ; les dépenses utiles donnaient lieu seulement à une *deductio* à la dissolution du mariage, *deductio* que Justinien remplaça par les actions *mandati contraria* et *negotiorum gestorum contraria*. Restent les dépenses nécessaires. Au temps des jurisconsultes modifiaient-elles la condition du fonds dotal ?

La question est délicate. Néanmoins il nous semble certain, en présence de la loi 5 du livre 25, t. I, au Digeste, qu'au temps des jurisconsultes le caractère de dotalité et par conséquent d'inaliénabilité était conservé au fonds dotal, quel que fût d'ailleurs le chiffre des dépenses nécessaires effectuées sur ce fonds par le mari. Après avoir posé ce principe : *necessarias impensas dotem minuere*, Ulpien donne les solutions suivantes : n'y avait-il dans la constitution dotale que des corps certains ? le mari n'aura pour se rembourser de ses dépenses nécessaires qu'un droit de rétention à la dissolution du mariage ; y avait-il au contraire tout à la fois un fonds et une somme d'argent ? la dépense nécessaire diminue *ipso jure* le montant de cette somme. En ne considérant que ce texte il est donc certain qu'à l'époque des jurisconsultes, le fonds dotal reste dotal, quel que soit le chiffre atteint par les dépenses nécessaires.

Mais voici un texte qui semble bien faire échec à la solution que nous proposons. C'est la loi 56, § 3, liv. 24, t. III. Nous y voyons en effet que si la dépense nécessaire plusieurs fois répétée finit par atteindre le chiffre intégral de la valeur du fonds dotal, si la femme dans le délai d'un an ne fait pas de remboursement aux mains du mari, le fonds cesse d'être frappé de dotalité. *Sed si tantum in fundum dotalem impensum sit per partes quanti fundus est, desinere eum dotalem esse, Scævola noster dicebat, nisi mulier sponte marito intra annum impensas obtulerit.* Mais ce texte doit sans hésitation être écarté, car il porte des traces trop visibles d'interpollation. Il n'y a que les commissaires de Justinien qui aient pu employer ces expressions : *intra annum.* Disons donc que si la solution que contient ce texte peut être donnée sous Justinien, on ne pourrait, sans commettre une faute grave, l'appliquer à l'époque des jurisconsultes.

Rigoureusement on peut rattacher ici l'explication de la loi 18, pr. de notre titre. Le mari a ouvert des carrières de marbre dans le fonds dotal ; à la dissolution du mariage, le marbre extrait appartient-il à la femme ou au mari? Labéon et Javolénus répondent qu'il appartient au mari ; ils considèrent donc ce marbre, non pas comme une portion du fonds, mais bien comme un produit du fonds. Voilà une solution bien différente de celle que nous devrions donner en droit français.

Mais par qui doivent être supportés les frais d'extraction? Par le mari, suivant Labéon : *Quia nec necessaria ea impensa esset et fundus deterior esset factus.* Javolénus rejette cette solution ; s'il n'y a pas dépense nécessaire, dit-il, il y a du moins dépense utile, et on doit compte au mari de cette sorte de dépense ; et il ajoute : *Nec puto fundum deteriorem esse si tales sunt lapidicinæ in quibus lapis crescere possit.* Solution qui nous paraîtrait bien étrange si nous ne lisions dans Buffon : « L'albâtre est une matière qui, se produisant et croissant chaque jour, pourrait comme le bois se mettre pour ainsi dire en coupe réglée à deux ou trois siècles de distance..... Les marbres de seconde formation peuvent comme les albâtres se régénérer dans les endroits d'où on les a tirés. »

En droit français, pour garantie de la restitution de sa dot, la femme a une hypothèque légale sur les biens de son mari, et la jurisprudence décide que la femme dotale ne peut valablement renoncer à cette hypothèque; en droit romain, devons-nous dire également que la femme ne peut renoncer aux sûretés qui garantissent la restitution de sa dot?

Au temps des jurisconsultes, la plus importante de ces garanties est un *privilegium inter personales actiones*. Or, il est constant que la femme ne peut y renoncer, ce privilége lui étant accordé dans un intérêt d'ordre public : *Reipublicæ interest mulieres dotes salvas habere propter quas nubere possint,* dit Paul, en faisant allusion à ce privilége : et c'est un principe de raison que : *Privata conventio juri publico nihil derogat.* Quant aux sûretés conventionnelles : gage, hypothèque, etc., que la femme pourrait avoir sur les biens de son mari pour la restitution de sa dot, il paraît constant que la femme peut dépouiller de ces sûretés sa créance dotale. (Ulpien, loi 7, § 6, liv. 24 t. I. — Constit. d'Anastase, loi 21, C. 4-29.) Nous verrons plus loin quelles innovations Justinien a faites sur ce point.

La loi 4 de notre titre s'exprime ainsi : *Lex Julia quæ de dotali prædio prospexit, ne id marito liceat obligare aut alienare.....* Ce texte semble mettre sur la même ligne l'*obligatio* et l'*alienatio* du fonds dotal, c'est-à-dire l'aliénation et l'hypothèque. Il est évident cependant que cette assimilation complète (explicable dans un texte qui n'a pas pour objet de déterminer quels actes sont défendus au mari) ne doit pas être admise au temps des jurisconsultes. Il est certain, en effet, qu'à cette époque le mari ne peut aliéner le fonds dotal sans le consentement de sa femme, tandis qu'il ne peut l'hypothéquer même avec ce consentement : distinction très-rationnelle, car, en présence des promesses de paiement et des protestations du mari débiteur, la femme serait bien plus facilement entraînée à laisser hypothéquer le fonds dotal qu'elle ne le serait à donner son consentement à une *alienatio* proprement dite. (Loi 1, § 15, c. *De rei uxor. act.*)

Mais est-ce bien la loi Julia qui a ainsi défendu au mari d'hypothéquer le fonds dotal, même avec le consentement de sa femme ?

Notre savant professeur, M. Demangeat, dans son remarquable commentaire de notre titre (1), pense que la loi Julia ne prohibait que l'aliénation du fonds dotal, ce qui comprenait sans doute la faculté d'hypothéquer, mais en subordonnant cette seconde prohibition, comme la première, au consentement de la femme. Pour démontrer cette proposition qui entraîne les conséquences les plus graves, il s'appuie sur deux textes : le § 63 du c. 2 de Gaius et le § 22 du liv. 2, t. XXI, B. des Sentences de Paul. Ces deux textes sont muets au sujet de l'*obligatio fundi dotalis*. Il fait remarquer en outre que très-probablement, à l'époque d'Auguste, ni l'hypothèque, ni le *pignus* n'existaient encore en Italie.

(1) M. Demangeat, p. 210 et suiv.

Quelle serait donc, d'après M. Demangeat, l'origine de cette règle si faussement attribuée par Justinien à la loi Julia? Cette origine, nous devons la trouver dans le célèbre S. C. Velleien qui défendait aux femmes d'*intercedere* pour autrui.

Recherchons maintenant à qui s'adressent les prohibitions de la loi Julia.

En principe, la défense d'aliéner le fonds dotal sans le consentement de la femme ne s'applique qu'au mari. Pour qu'il y ait dotalité, il faut avant tout qu'il y ait mariage. Il est donc probable que la loi Julia ne parlait que du mari. Au moment où le mari acquérait sur le fonds dotal le *dominium ex jure Quiritium*, ou encore au moment où le fonds dotal entrait *in bonis mariti*, ce fonds était frappé d'inaliénabilité. (Loi 13 de notre titre.—Loi 5, *Solut. matrim.*)

Mais les Jurisconsultes, interprétant l'esprit de la loi, étendirent cette prohibition d'abord au fiancé, auquel la propriété des biens dotaux a été transférée avant le mariage. C'est ce que dit Gaius dans la loi 4 de notre titre : *Lex Julia..... plenius interpretanda est, ut etiam de sponso idem juris sit quod de marito.* Cette extension de la loi Julia est souverainement équitable. Le fonds dotal transmis au fiancé ne sera donc valablement aliéné qu'avec le consentement de sa fiancée. Si le fiancé aliène sans ce consentement, deux hypothèses peuvent se présenter : ou le mariage a lieu, et alors, quand viendra sa dissolution par l'action *rei uxoriæ*, la femme reprendra le fonds aliéné en méconnaissant l'aliénation; ou le mariage n'est pas contracté, et alors la femme, pour se faire restituer le fonds indûment aliéné, a une *condictio sine causa* ou *ob rem dati re non secuta.*

La prohibition d'aliéner fut encore étendue par les Jurisconsultes à l'héritier du mari, au maître du mari devenu esclave, au fisc. Dans tous ces cas, il y a *transmissio per universitatem* des biens du mari ; par conséquent, les biens dotaux passent à l'héritier, au maître, au fisc ; mais ils conservent entre les mains du nouvel acquéreur leur qualité de biens inaliénables. Nous trouvons ces décisions dans les textes suivants de notre titre : Loi 1, § 1. — Loi 2, pr. et § 1. — Mentionnons encore la loi 12 qui s'exprime ainsi : *Etiam dirempto matrimonio, dotale prædium esse intelligitur.*

En un mot, toutes les fois que le fonds dotal doit être restitué à la femme, celui qui est tenu de cette restitution n'a pas le pouvoir d'aliéner le fonds au profit d'un étranger sans le consentement de la femme.

Il nous reste, pour terminer ce paragraphe, à nous demander quelle est la sanction de la loi Julia. Par quelles personnes et à quelle époque peut être invoquée la nullité de l'aliénation que le mari a voulu faire contrairement à la disposition de la loi Julia ?

Plusieurs systèmes ont été proposés sur cette grave question. Dans une première opinion, le mari, ayant ainsi indûment aliéné le fonds dotal, ne peut jamais le revendiquer : la revendication n'appartient qu'à la femme et seulement à la dissolution du mariage. Dans une seconde opinion qui refuse également au mari le droit d'intenter l'action *in rem*, on décide que la revendication appartient à la femme, même *durante matrimonio.*

Dans une troisième opinion que nous croyons devoir adopter, on raisonne ainsi :

Le mari a aliéné le fonds dotal sans le consentement de sa femme; cette aliénation est radicalement nulle. Qui donc revendiquera? Il est de principe que le propriétaire peut exercer l'action *in rem*; or, le mari est *dominus dotis;* donc il peut revendiquer le fonds dotal par lui indûment aliéné. Mais, pourrait-on nous dire, si le mari exerce ainsi l'action en revendication contre son acheteur, celui-ci écartera sa prétention en lui opposant l'exception *rei venditæ et traditæ!* — Nous répondons que les principes généraux du droit nous autorisent à dire qu'à cette exception du défendeur le mari pourra opposer une *replicatio,* par exemple : *nisi contra legem Juliam mancipationem fecerim.*

Quant à la femme, peut-elle, *durante matrimonio,* revendiquer l'immeuble indûment aliéné par son mari? Non, évidemment. A quel titre, en effet, intenterait-elle l'action *in rem?* Est-ce comme propriétaire? Mais c'est le mari qui est *dominus dotis.* Est-ce comme créancière éventuelle de son mari? Mais quand cette créance s'ouvrira, quand arrivera la dissolution du mariage, au temps des Jurisconsultes, la femme pour le recouvrement de sa dot n'aura qu'une action personnelle privilégiée contre son mari, et non pas un action *in rem;* nous devons donc par *a fortiori* lui refuser, *durante matrimonio,* l'exercice de l'action en revendication.

Mais si le mari, qui seul pendant le mariage peut se servir de cette action, a négligé de le faire, il devra à la dissolution du mariage retransférer à la femme la propriété qu'il a conservée sur le fonds dotal (l'aliénation ayant été nulle) ou lui céder son action en revendication; à défaut de quoi, la femme exercera cette action comme si la cession lui en avait été effectivement consentie (1). Nous devons décider que le même droit appartient à l'héritier de la femme (loi 13, § 3 de not. tit.), mais à la condition toutefois que nous ne nous trouvions pas dans un cas où le mari gagne la dot; et pourvu que la femme ait eu la précaution avant sa mort de mettre en demeure le mari ou son héritier. (Fr. d'Ulpien, t. VI, § 4, 5, 6. — Fr. Vatic., § 95 et 97.)

Les règles que nous venons de donner s'appliqueront incontestablement si le mariage est dissous par le divorce ou par la mort du mari (cas dans lesquels la femme ou ses héritiers ont le droit de réclamer la restitution de sa dot). Mais il pourra advenir très-fréquemment que la revendication sera impossible.

L'aliénation faite par le mari serait d'abord certainement validée par la ratification expresse ou tacite de la femme. (Loi 50, *Solut. matrim.*) Il y aurait, par exemple, ratification tacite au cas où le mari ayant légué le fonds dotal, la femme a manifesté clairement sa volonté de tenir cette aliénation pour bonne, soit en acceptant un legs, soit en acceptant l'hérédité. (Loi 13, § 4 de n. tit.)

La loi 3, § 1 de notre titre pose une règle fort importante qui est ainsi formulée par le jurisconsulte Paul : *Toties autem non potest alienari fundus, quoties mulieri actio de dote competit aut omni modo competitura est.*

Il résulte de ce texte, ainsi que de notre loi 17 et de la loi 42, *de usurpat.*, que, les prohibitions de la loi Julia ayant pour seul but d'assurer la restitution du fonds dotal, si la femme meurt *in matrimonio*, comme alors le mari

(1) M. Demangeat, p. 378.

gagne la dot et qu'il ne peut plus être question de restitution, l'aliénation indûment faite par lui du fonds dotal se trouve validée et la revendication est désormais impossible.

Mais que faut-il décider au cas où la dot est profectice; c'est-à-dire au cas où le mari est tenu de l'action *rei uxoriæ* envers l'ascendant paternel qui avait doté sa fille. Nous sommes ici en présence de textes qui paraissent contradictoires. Cependant nous pensons que, dans notre hypothèse, l'aliénation faite par le mari restera valable. La loi 3 de notre titre que nous venons de citer est formelle sur ce point, puisque c'est seulement au cas où l'action *rei uxoriæ* appartient ou appartiendra à la femme que l'aliénation peut être attaquée. Ulpien, dans la loi 13, § 3, étend à l'héritier de la femme le bénéfice de la loi Julia, mais il ne parle pas de l'ascendant paternel. Enfin, le but certain de la loi Julia est de protéger la femme et la femme seule; pourquoi donc admettrions-nous l'ascendant paternel à invoquer une inaliénabilité qui n'a point été établie en sa faveur? Quant aux lois 17 de notre titre et 47, *De usurpat.*, qui paraissent ne mettre le tiers acquéreur à l'abri de la revendication que dans le cas où la dot profite au mari, il est constant pour nous que ces textes n'ont rien de limitatif.

SECTION IV

Des exceptions aux prohibitions de la loi Julia.

§ 1. Alienatio necessaria.

D'après la loi Julia, le fonds dotal, bien qu'appartenant au mari, ne peut être aliéné sans le consentement de la femme. Telle est la règle générale. Il y a cependant des cas où l'aliénation faite à l'insu de la femme est parfaitement valable; ce sont les cas où une aliénation peut se produire indépendamment de la volonté du propriétaire, où, suivant les expressions de Paul dans la loi 1, pr. *De fund. dot*, il y a *alienatio necessaria*.

I. La loi première de notre titre nous en fournit un exemple des plus remarquables : il s'agit du *damnum infectum*.

Il est de principe, en droit romain, que si une chose cause du dommage à autrui, le propriétaire de cette chose ne peut pas être tenu de réparer le dommage sur ses autres biens. C'est ainsi que le maître de l'esclave ou de l'animal qui a commis un dommage peut l'abandonner *noxæ dedere*, et se soustraire ainsi à toute obligation. Or, voici ce qu'il faut supposer : Une maison menace ruine, ou du moins c'est l'opinion du voisin. Redoutant donc pour sa propre maison ou pour son propre terrain les suites de la ruine éventuelle de la maison menaçante, et sachant très-bien que le propriétaire de cette maison pourrait s'affranchir de toute obligation en lui abandonnant les matériaux, il peut conduire devant le magistrat ce propriétaire. Le préteur lui enjoindra de s'engager envers son voisin à réparer le dommage qui pourra être occasionné par la chute de sa maison. Si le propriétaire, ainsi interpellé par le préteur, refuse de donner caution, par un premier décret le préteur envoie le voisin en possession. En vertu de ce premier décret, il est *missus in possessionem*, mais il n'acquiert ni la propriété, ni même la possession proprement dite. Libre à lui d'expulser le propriétaire et de s'établir dans la maison. Il n'y a donc là en réalité qu'un moyen indirect de contrainte pour amener à composition l'adversaire récalcitrant. Si sa résistance continue, alors, par un second décret, le préteur donne au voisin la *possessio ad usucapionem*. A partir de ce moment, il commence à prescrire, et par le laps de deux ans il devient propriétaire.

Or, si nous supposons que la maison menaçante est un *prædium dotale,* que ce propriétaire récalcitrant est un mari, nous nous trouverons dans un cas où il y aura *alienatio necessaria* du fonds dotal. (Loi 1 de not. tit. au Dig.)

II. La dot consiste en une copropriété sur un immeuble. Dans cette hypothèse, les copropriétaires, c'est-à-dire le mari et le tiers, sont-ils tenus de rester dans l'indivision? Le partage peut-il être provoqué? Par qui peut-il l'être?

Évidemment le mari copropriétaire ne peut provoquer le partage de ce fonds dont la moitié indivise est frappée de dotalité et par conséquent d'inaliénabilité. En droit romain, en effet, le partage étant attributif de propriété est un acte véritable d'aliénation. Et si le mari provoquait le partage, il manifesterait par là même la volonté d'aliéner et violerait la prohibition de la loi Julia. Mais il n'est pas moins évident que le tiers ne peut être contraint de rester dans l'indivision, et que par l'action *communi dividundo* il peut provoquer le partage. Il y a donc encore dans ce cas, comme l'indique très-bien un rescrit de l'empereur Gordien qui forme la loi 2 au code *De fund dot., alienatio necessaria* du fonds dotal.

Mais quels sont les effets de l'action en partage ainsi dirigée contre le mari? Ces effets nous sont clairement indiqués dans un texte remarquable du jurisconsulte Tryphoninus qui forme la loi 78, § 4, *De jure dotium* au Digeste.

« On sortira de l'indivision de quatre manières, dit « M. Pellat (1), ou le fonds sera partagé en deux parties « distinctes, et chaque propriétaire en aura une en vertu « de l'adjudication prononcée par le juge ; ou le fonds en- « tier sera adjugé au mari, moyennant une soulte ; ou « le fonds entier sera adjugé à l'autre copropriétaire, « moyennant une soulte ; ou enfin le fonds sera vendu à « un étranger, qui donnera la moitié de son prix à « chacun. »

Et d'abord, si, prenant ce fonds indivis, on en fait deux parts, et que l'une d'elles soit adjugée au mari, il n'y a là en réalité qu'un échange, et la moitié du fonds qui a été transmise au mari reste frappée de dotalité. Au lieu de la part indivise qu'il avait reçue en dot, c'est cette part divise que le mari devra restituer à la femme à la dissolution du mariage.

Si au contraire il y a adjudication de la totalité du fonds et si l'adjudication est prononcée au profit du tiers copropriétaire, ce qui désormais sera *in dote*, c'est une somme d'argent représentative de celle que l'adjudicataire donne au mari ; c'est cette somme qui devra être restituée à la dissolution du mariage. Mais la restitution n'en sera pas nécessairement faite immédiatement, comme s'il s'agissait d'un corps certain : *non vice corporis ;* cette somme devra être restituée en trois termes comme toute quantité : l'aliénation ayant eu lieu sans qu'aucune faute ne fût imputable au mari. *Statuto tempore solvi debeat* (2).

La même décision doit être donnée si le fonds a été

(1) M. Pellat, *Textes sur la dot*. 2e édit., p. 409.

(2) *Annua, bima, trima die.*

vendu à un étranger, parce qu'il ne convenait ni au mari ni à l'autre copropriétaire de se le faire adjuger en offrant une soulte suffisante : la portion du prix de vente qui reviendra au mari remplacera la dot et sera par lui restituée.

Mais si c'est le mari qui se rend adjudicataire, alors le jurisconsulte, supposant toujours que l'aliénation a été provoquée par le tiers copropriétaire, donne les décisions suivantes : Dans ce fonds, qui depuis l'adjudication appartient en totalité au mari, il faut reconnaître intellectuellement deux portions bien distinctes : l'une qui est libre, l'autre qui est frappée de dotalité : l'une dont le mari est devenu propriétaire en la payant de son argent, *ex re sua,* l'autre dont il est devenu également propriétaire, mais en sa qualité de *dominus dotis.* Impossible, par conséquent de dire que le fonds est dotal en totalité. Mais, à la dissolution du mariage, le fonds tout entier doit-il être restitué par le mari, ou seulement la *pars dotalis?* Logiquement on devrait décider que la *pars in dotem data* seule est restituable. Équitablement cette solution doit au contraire être écartée. Le résultat de cette doctrine serait en effet de faire renaître l'indivision après le divorce. Les jurisconsultes, reculant donc devant cette fâcheuse extrémité, décident que c'est pour la femme un droit et un devoir, à la dissolution du mariage, de réclamer la totalité du fonds, sauf bien entendu à désintéresser le mari des sommes par lui payées à son ancien copropriétaire. Ni la femme, ni le mari, ne seraient recevables à se refuser à cet arrangement équitable; on n'écouterait pas la femme qui dirait : je ne veux reprendre que la part que j'avais dans le fonds, je ne veux point acheter l'autre ;

on n'écouterait pas davantage le mari qui dirait : je ne veux restituer que la part que j'ai reçue en dot, je garde l'autre que j'ai achetée (1).

III. — En tranchant une controverse célèbre, nous trouvons dans une autre matière un troisième cas d'*alienatio necessaria* du fonds dotal. Supposons que le fonds dotal soit possédé par un tiers ; agir en revendication est à la fois pour le mari un droit et un devoir. Le mari revendique ; son action est reconnue fondée ; mais au *jussus* du juge, le tiers possesseur oppose un refus formel de restituer l'immeuble ; cet immeuble est-il définitivement perdu pour le mari ; ou peut-il, en employant la force armée, *manu militari*, se faire réintégrer dans la possession ? Telle est la question.

Nul doute, assurément, que le mari ne puisse, à l'époque de Justinien, recourir à la force armée pour rentrer en possession de l'immeuble. Mais malgré l'autorité des plus célèbres interprètes : Cujas, Keller, Zimmern, M. Pellat, nous ne pouvons croire, ainsi que notre savant professeur, M. Demangeat, qu'au temps des jurisconsultes la force militaire pût être mise à la disposition d'un revendiquant pour arriver à l'exécution du *jussus* du magistrat. Quels arguments les interprètes que j'ai cités invoquent-ils ? Ils s'appuient sur un texte unique, la loi 68 *De rei vindicat*, ainsi conçue : *Qui restituere jussus, judici non paret, contendens non posse restituere, si quidem habeat rem, manu militari, officio judicis ab eo possessio transfertur et fructuum duntaxat omnisque causæ nomine condemnatio fit.*

(1) M. Pellat, p. 410.

Ce texte, nous l'avouons, paraît formel au premier abord. Mais aurons-nous besoin pour l'écarter de dire avec l'illustre M. de Savigny, que c'est un texte altéré, comme tant d'autres, par les commissaires de Justinien? Nullement. Nous croyons pouvoir expliquer ce texte, sans recourir à ce moyen extrême, trop souvent employé suivant nous, qui consiste à évoquer les ciseaux de Tribonien. Remarquons en effet que, dans l'hypothèse du jurisconsulte, il y a une circonstance particulière qui justifie l'emploi de la *manus militaris*. Le défendeur, en effet, interpellé par le magistrat, lui a répondu : *non possum restituere*. N'était-ce pas dire : si je pouvais restituer, je le ferais; si je refuse de le faire, c'est que je ne le puis. Or, dans l'hypothèse, en réalité il le pouvait, puisque la chose était entre ses mains; il a donc menti au magistrat, et c'est pour ce cas, et ce seul cas, que la décision d'Ulpien peut s'appliquer : *Si quidem habeat rem, manu militari officio judicis ab eo possessio transfertur*.

Il est donc vrai de dire qu'en règle générale, au temps des jurisconsultes, sauf le cas de mensonge du défendeur, le revendiquant devait se contenter d'une condamnation pécuniaire, si l'adversaire refusait d'obtempérer à l'ordre du juge. Nous avons d'ailleurs un texte d'Ulpien : la loi 68 *De rei vindicat.*, en présence duquel cette controverse paraît ne pouvoir être prolongée. Disons donc qu'il y a là un troisième cas d'*alienatio necessaria* (1).

Dans les trois cas d'*alienatio necessaria* que nous venons d'exposer, nous trouvons une analogie très-remar-

(1) M. Demangeat, p. 119-130.

quable entre le fonds dotal et le fonds rural ou suburbain, appartenant à un mineur de vingt-cinq ans. Ce fonds, d'après l'*Oratio Severi*, ne pouvait être aliéné qu'en vertu d'un décret du préteur. Mais cette inaliénabilité souffrait exception dans nos trois cas d'*alienatio necessaria.*

§ II. Transmissio per universitatem.

Nous trouvons encore des exceptions à la règle de la loi Julia au cas de *transmissio per universitatem. Sed et per universitatem transit prædium, secundum quod possibile est,* dit Paul, dans la loi 1, § 1 de n. tit. Si donc le mari aliène déterminément le fonds dotal sans le consentement de sa femme, l'aliénation est nulle; mais si le patrimoine du mari est transmis en bloc, dans cette transmission est nécessairement compris le fonds dotal. Recherchons donc rapidement dans quels cas il y a *transmissio per universitatem,* et quelles sont, relativement au fonds dotal, les conséquences de cette aliénation?

I. — Au premier rang des *transmissiones per universitatem,* se place la succession. C'est l'*hereditas* en effet qui sert d'exemple à Paul dans notre loi première. Le mari décède et une personne recueille son hérédité; qu'il s'agisse d'un héritier testamentaire ou *ab intestat,* d'un *bonorum possessor* ou d'un fidéicommissaire, dans tous les cas la propriété du fonds dotal est transférée en même temps que la propriété de tous les autres biens du mari à ce successeur universel.

II. — Le mari encourt une *maxima capitis deminutio;* il devient esclave; c'est, par exemple, un affranchi qui est convaincu d'ingratitude envers son patron, ou un majeur de vingt ans qui s'est laissé vendre *ad pretium participandum*. Dans ces deux cas, il y a transmission de tous les biens du *capite minutus* dans le patrimoine du maître, et cette transmission s'étend au fonds dotal. (Ulpien. Loi 2. pr. de notre titre.)

III. — Soit en vertu d'une condamnation pénale, soit par suite d'une confiscation, mesure rigoureuse qui est une conséquence de la *maxima* et de la *media capitis deminutio*, soit à cause de l'incapacité ou de l'indignité de l'héritier, les biens du mari passent au fisc ; le fisc ici encore devient propriétaire du fonds dotal. (Loi 31, pr. *Solut. matr.*)

IV. — Le mari est un *paterfamilias* et il se donne en adrogation ; alors, d'après les principes, tous ses biens, y compris le fonds dotal, deviennent la propriété de l'adrogeant. Il en est de même au cas d'adoption proprement dite ; la propriété du fonds dotal passe du père naturel au père adoptif. (Loi 45, *De adopt.* — Loi 46, *Famil. ercisc.*)

V. — En droit romain, il était permis à plusieurs personnes de se réunir pour former une *societas totorum bonorum*. Supposons un mari parmi les associés ; instantanément la propriété de tous ses biens, et par conséquent du fonds qui lui a été apporté en dot, tombera dans la communauté et deviendra indivise entre tous les contractants.

Dans ces cinq cas d'*alienatio per universitatem*, le fonds dotal peut donc être valablement aliéné, malgré la prohibition de la loi Julia. Mais il faut bien se garder de croire que, dans tous ces cas, les effets de cette *alienatio* soient les mêmes. Dans les trois premiers cas, en effet, elle est la conséquence d'un événement qui dissout le mariage et fait cesser les *onera matrimonii*. Au contraire, au cas d'adrogation et au cas de *societas totorum bonorum*, le mariage subsiste, et c'est désormais à l'adrogeant ou à la société qu'incombe l'obligation de supporter les charges du mariage.

Mais, dans tous ces cas, le fonds dotal reste inaliénable aux mains du nouveau propriétaire, comme il était inaliénable aux mains du mari.

VI. — Nous avons vu dans le paragraphe précédent que, lorsque les créanciers du mari procèdent à la *venditio bonorum*, le fonds dotal, qui appartient au mari, est compris dans l'*adjudicatio*. Il y a donc là encore une exception aux prohibitions de la loi Julia. Mais, au cas de *venditio bonorum*, le caractère d'inaliénabilité ne continue pas de protéger le fonds dotal comme dans les cinq cas de *transmissio per universitatem* que nous venons d'énumérer. Il est juste que le fonds dotal cesse d'être inaliénable aux mains de l'*emptor bonorum*, puisque la femme, par l'exercice de son privilége, a dû recevoir sur le prix d'adjudication le montant de sa dot ou du moins un dividende.

§ 3. Extinction d'une servitude par confusion.

Les principes de la loi Julia souffrent encore exception quand il existe sur un fonds une servitude au profit du fonds dotal. En effet, le mari étant *dominus dotis* devient propriétaire du fonds dotal; si donc il devient *aliunde* propriétaire du fonds qui est grevé de servitude au profit du fonds dotal, il y a réunion sur une même tête des deux qualités de propriétaire du fonds dominant et de propriétaire du fonds servant, et en vertu du grand principe : *Nemini res sua servit*, la servitude est éteinte par confusion. C'est là un effet nécessaire et rigoureux de la loi, qui est rapporté par Julien dans la loi 7 de notre titre.

Qu'adviendrait-il si cette vente du fonds servant consentie au mari et qui a amené l'extinction par confusion de la servitude, était ultérieurement résolue (car il est manifeste en présence du mot *reddere* employé par le jurisconsulte, et de cette circonstance que c'est précisément au même Titius que le fonds servant est rendu, il est manifeste, disons-nous, que Julien prévoit l'hypothèse d'une résolution de la vente)? Qu'arriverait-il si le vendeur ayant inséré dans le contrat soit une *addictio in diem,* soit une lex *commissoria,* soit un pacte de réméré, invoquait ces clauses? Ou si le mari, ayant découvert dans la chose vendue de graves défauts, invoquait l'action *redhibitoria?* Dans tous ces cas, la vente serait sans doute mise à néant ; mais on n'en devrait pas moins dire que la servitude a été éteinte par confusion. Toutefois, en rendant le fonds à Titius, le mari a dû rétablir la servitude qui le grevait au profit du fonds dotal, et il a pu exiger ce rétablissement par les actions *empti* ou *redhibitoria;* s'il a négligé de le faire, il est responsable envers sa femme par l'action *rei uxoriæ.* En cas d'insolvabilité du mari, la femme pourrait même attaquer le tiers et exercer contre lui comme actions utiles les actions qui compétaient au mari.

Au lieu de supposer la résolution de la vente, si nous supposions une revente consentie par le mari, et que le mari n'eût pas réservé la servitude au profit du fonds dotal, il serait responsable de sa faute envers la femme qui, dans ce cas, ne peut recourir contre le second acheteur.

Dans le § 1 de notre loi 7, le jurisconsulte suppose l'hypothèse suivante : Un fonds appartenant au mari était fonds servant relativement à l'immeuble dotal. La constitution de dot a donc pour effet de réunir sur la même tête la propriété des deux fonds dominant et servant, et il y a extinction de la servitude par confusion. Mais, à la dissolution du mariage, la femme pourra-t-elle exiger le rétablissement de la servitude? Évidemment; sans quoi la restitution du fonds dotal serait incomplète. *Officio de dote judicantis continebitur ut, redintegrata servitute, jubeat fundum mulieri vel heredi ejus reddi.*

Toutefois si le mari, à la dissolution du mariage, n'a plus dans ses biens le fonds servant; s'il l'a vendu, par exemple, sans exprimer de réserve au sujet du rétablissement de la servitude, l'acheteur ne peut en aucune façon être inquiété par la femme, mais elle a un recours contre son mari responsable de sa faute.

§ 4. Usucapion du fonds dotal.

Nous abordons une matière fort importante : l'usucapion du fonds dotal.

Tryphoninus, dans la loi 16 de notre titre, pose nettement les règles du droit romain sur ce point.

Remarquons d'abord que ce texte a été visiblement mutilé par les compilateurs. Le jurisconsulte raisonne, en effet, dans une hypothèse où, de droit commun, un tiers possesseur pourrait acquérir la propriété d'un fonds par une *longi temporis possessio*. Or, il saute aux yeux que le jurisconsulte Tryphoninus n'a pu écrire une pareille chose, la *prescriptio longi temporis* ne s'appliquant en général à l'époque des jurisconsultes qu'aux fonds provinciaux, et notre loi Julia *De adulteriis* ne s'appliquant qu'aux fonds italiques. Au reste, ce remaniement de texte s'explique facilement, les délais de la *prescriptio longi temporis* ayant été substitués, à l'époque de Justinien, aux délais de l'usucapion.

Remarquons, en second lieu, que s'il y a eu constitution de dot dans l'hypothèse de Tryphoninus, et si la propriété du fonds a été transférée au mari, il n'y a pas eu néanmoins transfert de la possession, puisque cette possession est toujours restée aux mains d'un tiers.

Ceci posé, examinons les solutions données par le jurisconsulte.

Aux termes de la loi Julia, le mari ne peut aliéner le fonds dotal sans le consentement de sa femme. Si donc l'usucapion du fonds dotal était possible, le mari aurait par là même entre les mains un moyen indirect et facile de laisser consommer l'aliénation; une simple abstention de sa part arriverait, en effet, à ce résultat. *Alienationis verbum etiam usucapionem continet : vix est enim ut non videatur alienare qui patitur usucapi.* Ainsi s'exprime Paul dans la loi 28, pr. *De verb. signif.* Donc, règle générale, le possesseur du fonds dotal, qu'il soit de bonne ou de mauvaise foi, qu'il ait reçu le fonds des mains du mari ou des mains d'un tiers, ne peut usucaper. Et cela, tant que le fonds est frappé d'inaliénabilité, c'est-à-dire même dans l'intervalle qui s'écoule entre la constitution de dot et le mariage, même dans l'intervalle qui s'écoule entre la dissolution du mariage et la restitution de la dot (le fonds dotal étant inaliénable aux mains du fiancé ou de l'héritier du mari).

Mais il faudrait bien se garder de croire (et c'est ici que nous allons trouver notre quatrième exception au principe de la loi Julia), qu'en droit romain l'usucapion ne pût en aucune façon s'accomplir pendant le mariage. Toutes les fois, en effet, que nous trouverons une usucapion dont l'*initium possessionis* se place avant la constitution de dot, nous devrons décider que l'usucapion pourra valablement s'accomplir pendant le mariage. Le jurisconsulte nous dit, en effet, que la loi Julia *non interpellat usucapionem, si antequam constitueretur dotalis fundus, jam cœperat.* Pourquoi cette décision si bizarre au premier abord? parce qu'il est de règle en droit romain que l'usucapion ne peut être valablement interrompue que par la perte de la possession.

Supposons donc que l'usucapion, commencée avant la constitution de dot, s'est accomplie pendant le mariage, y a-t-il alors responsabilité encourue par le mari? Oui, évidemment. En effet, à la dissolution du mariage, le mari étant obligé de restituer le fonds dotal, est par conséquent débiteur de corps certains. Si donc il ne peut restituer et qu'il soit en faute à cet égard, il est responsable. Or, évidemment dans notre hypothèse il y a faute du mari ; car il a manqué à son devoir qui était d'intenter la revendication contre le tiers possesseur. Cependant, comme entre époux *res non sunt amare tractandæ*, on décidait que si, au moment du mariage, quelques jours seulement manquaient au tiers possesseur pour compléter l'usucapion, le mari, n'étant pas en réalité coupable de négligence, était à l'abri de tout recours de la femme.

Toutes ces décisions doivent encore être données aujourd'hui en droit français.

Nous avons dit que l'imprescriptibilité du fonds dotal durait, même après la dissolution du mariage, jusqu'au moment où avait lieu la remise effective du fonds dotal aux mains de la femme. Cette règle a-t-elle été maintenue par Justinien ?

Au premier abord la négative paraît résulter formellement de la loi 30 au code, *De jure dot.*

Cependant cette interprétation est inadmissible en présence des autres textes insérés au Digeste. Quand donc l'empereur nous dit que la prescription pourra être opposée aux femmes, à partir de l'époque où elles pourraient agir, *ex eo tempore ex quo possint actiones movere*, c'est-à-dire si le mari est resté solvable, de l'époque de la dissolution du mariage, et s'il est tombé en déconfiture, de l'époque où ce désastre est devenu manifeste; il est bien évident qu'il n'efface pas au profit du tiers l'impossibilité d'usucaper le fonds dotal, mais qu'il entend, au contraire, que cette impossibilité subsiste jusqu'au moment de la restitution effective de la dot.

§ 5. Mort de la femme *in matrimonio.*

C'est un principe incontestable que la loi Julia n'a été portée que dans le seul intérêt de la femme, d'où il résulte que le droit d'attaquer l'aliénation ne peut naître qu'en la personne de la femme. Si donc, sous l'empire de la loi Julia, le mari, au mépris de cette loi, a aliéné seul le fonds dotal, en général, à moins qu'il n'exerce la revendication, le sort de cette aliénation sera *in pendenti.*

Est-ce le divorce ou la mort du mari qui amènent la dissolution du mariage? La femme, ayant alors l'action *rei uxoriæ* peut attaquer l'aliénation. La femme, au contraire, meurt-elle in matrimonio? Alors, si la dot est profectice, c'est au père que doit être faite la restitution, et le père n'a pas qualité pour attaquer l'aliénation de l'immeuble, la loi Julia ne protégeant que la femme (arg. *a contrario* de la loi 3, § 1 de n. tit.). Si la dot est adventice, le mari gagne la dot et l'aliénation est validée.

Nous trouvons cette seconde décision dans un fragment de Marcien qui forme la loi 17 de notre titre, — et dans la loi 42, *De usurpationibus*.

CHAPITRE III.

INNOVATIONS DE JUSTINIEN.

C'est sous Justinien que l'inaliénabilité du fonds dotal reçut son complet développement.

L'empereur, dans une constitution de l'an 530, déclara inaliénable d'une façon absolue le fonds dotal, que sous l'empire de la loi Julia le mari pouvait aliéner avec le consentement de sa femme. L'hypothèque et l'aliénation, mises sur la même ligne, furent donc frappées de la même prohibition.

Nous avons vu que, d'après l'interprétation des jurisconsultes, la loi Julia n'était applicable qu'aux fonds italiques; Justinien étendit cette prohibition aux fonds provinciaux. Ces deux innovations si importantes sont mentionnées aux Institutes : *Quod nos legem Juliam corrigen-*

tes, in meliorem statum deduximus : cum enim lex in soli tantummodo rebus locum habebat quæ Italicæ fuerant, et alienationes inhibebat quæ invita muliere fiebant, hypothecas autem earum rerum etiam volente ea utrique remedium imposuimus, ut et in eas res quæ in provinciali solo positæ sunt, interdicta sit alienatio vel obligatio et neutrum eorum neque consentientibus mulieribus procedat.... (1)

Quel but voulait donc atteindre Justinien en faisant ces innovations? Était-ce encore de favoriser les secondes noces et par là de remédier à la dépopulation de l'empire? Gardons-nous bien de le croire. Avec le christianisme disparut la faveur dont on entourait les secondes noces. Le but que voulait atteindre Justinien, et qui dans sa législation devint le nouveau fondement de l'inaliénabilité de la dot, est très-remarquable, et nous le retrouverons en droit français : il protégeait la femme : *ne fragilitate naturæ suæ in repentinam deducatur inopiam* (2). Dans cette protection accordée à la femme, il n'y a donc plus d'arrière-pensée politique ; le législateur n'est plus guidé que par le sentiment de la faiblesse de la femme.

Quant à la propriété des meubles dotaux, elle reste libre aux mains du mari.

Mais ce n'est pas seulement en donnant au principe de l'inaliénabilité du fonds dotal son complet développement que Justinien protégea la femme mariée. Il lui donna encore des garanties puissantes pour assurer la restitution de sa dot ; et il déclara que cette restitution aurait toujours lieu, c'est-à-dire même au cas où la femme serait

(1) *Instit.*, liv. 2, t. VIII, pr.
(2) Loi unique, § 15, c. *De rei ux. act.*

morte *in matrimonio*. Bien que l'exposé de ces garanties ne se rattache qu'indirectement à notre matière, nous croyons utile néanmoins de nous y arrêter quelques instants.

Nous avons dit dans notre chapitre second que, sous l'empire de la loi Julia, la femme n'avait pour garantie de la restitution de sa dot qu'un *privilegium inter personales actiones* (1), privilége auquel elle ne pouvait renoncer parce qu'il lui était accordé dans un intérêt public. Elle n'avait alors d'autre hypothèque sur les biens de son mari que celle qu'elle avait soin de stipuler; et cette hypothèque, à laquelle il lui était loisible de renoncer, n'étant qu'une hypothèque conventionnelle, n'était pas privilégiée.

Justinien, dans trois célèbres constitutions, établit au profit de la femme de nouvelles garanties. Ces constitutions forment la loi 30, c. *De jure dotium* (an 529) ; la loi uniq. c. *De rei uxoriæ actione* (an 530); la loi 12, § 1. c. *Qui potiores* (an 531).

Examinons d'abord la constitution de 529. Ce texte accorde à la femme deux garanties distinctes, toutes les deux fort importantes : la première de ces garanties est une hypothèque privilégiée sur toutes les choses apportées en dot; la seconde est la faculté pour la femme d'agir par voie de revendication.

Et d'abord la constitution de 529 accorde à la femme une hypothèque privilégiée sur tous les objets apportés en dot. Sur ces biens la femme primera désormais tous les créanciers même hypothécaires : *mulierem.... omnem habere post dissolutum matrimonium prærogativam ju-*

(1) Loi 12, c. 8, § 18.

bemus et neminem creditorum mariti qui anteriores sunt posse sibi potiorem causam in iis per hypothecam vindicare. Et peu importe que le fonds apporté en dot ait été estimé ou non : *sive æstimatæ sive inæstimatæ sint*; peu importe qu'il s'agisse de meubles ou d'immeubles : *sive mobilibus, sive immobilibus*.... Ajoutons que cette hypothèque, malgré l'interprétation qu'on a voulu donner à ces mots du texte : *si tamen exstant*, est évidemment accompagnée d'un droit de suite.

Mais quelle pouvait être l'utilité de cette hypothèque privilégiée accordée à la femme sur les biens dotaux, ces biens ne pouvant, d'après la loi Julia, être valablement grevés d'hypothèque par le mari? La réponse est bien simple. Sans doute le bien dotal ne pouvait être valablement grevé par le mari d'hypothèques conventionnelles ; mais il pouvait se trouver grevé d'hypothèques légales. Nous pouvons concevoir, en effet, une personne à laquelle la loi accorde une hypothèque sur tous les biens présents et à venir de son obligé. « Cette hypothèque aura frappé « même l'immeuble dotal; car l'immeuble dotal, de « même que par la loi Julia il est mis à l'abri des aliéna« tions consenties par le mari et non des aliénations né« cessaires, n'est également protégé que contre les hypo« thèques qui dérivent de la volonté du mari, et non « contre celles qui ont leur origine dans la loi même (1).» Nous pouvons citer à titre d'exemple l'hypothèque légale sur les biens d'un tuteur et d'un curateur (2).

La femme, si elle n'avait pas tacitement renoncé à son hypothèque en donnant son consentement à l'aliénation

(1) M. Demangeat, p.93.
(2) Constitution de Constantin, loi, 20, c. 5, § 37.

(car à la date de 529 l'aliénation faite par le mari avec le consentement de la femme était encore valable), pouvait invoquer son hypothèque privilégiée contre les tiers acquéreurs.

La constitution de 529 à côté de l'hypothèque privilégiée accordée à la femme sur les biens constitués en dot, contient une seconde innovation fort importante. Subsidiairement à la première garantie, Justinien permet à la femme d'agir par voie de revendication des objets dotaux. *Volumus itaque eam in rem actionem in hujus modi rebus quasi propriis habere.* Mais quelle sera l'étendue de cette revendication ? Nous pensons que la femme ne pourra revendiquer que les objets existant à la dissolution du mariage *in patrimonio mariti;* mais qu'elle ne pourra revendiquer ni les meubles vendus par le mari, ni les immeubles apportés en dot avec estimation, ni même jusqu'à la constitution de 530 les immeubles non estimés, qui ont été vendus par le mari, mais à l'aliénation desquels elle a consenti. Dans tous ces cas, en effet, l'aliénation ayant été valable *ab initio*, le tiers acquéreur doit être mis à l'abri de la revendication de la femme.

De ce que la femme, sous Justinien, peut agir par voie de revendication, il faut bien se garder de conclure que le mari n'est plus propriétaire de la dot : *dominus dotis.* Cette propriété du mari n'est pas méconnue par Justinien ; seulement il l'appelle une *subtilitas legum. Non enim, quod legum subtilitate transitus earum in patrimonium mariti videatur fieri, ideo rei veritas deleta vel confusa est.* Mais, à côté de cette propriété civile du mari, Justinien imagine en quelque sorte pour la femme une propriété naturelle : *cum eædem res et ab initio uxoris fuerint et naturaliter in ejus permanserint dominio.* Est-ce là une innovation de sa part? ou bien, même avant lui, une revendication utile avait-elle été accordée à la femme par le droit prétorien ou la jurisprudence? Il y a là, nous le croyons, une innovation de Justinien; le texte même de la loi 30 le prouve. Nous n'avons d'ailleurs aucun texte qui démontre qu'avant Justinien la femme eût pu procéder par voie de revendication des choses dotales. « Il est « bien constant, dit M. Pellat, que du temps des juriscon- « sultes classiques la femme n'a pour répéter sa dot « qu'une action personnelle, munie d'un privilége qui la « rend préférable seulement aux créanciers non hypothé- « caires de son mari (1). »

En résumé, dans sa constitution de 529, l'empereur accordait à la femme deux nouvelles garanties pour favoriser la restitution de sa dot : 1° Une hypothèque privilégiée sur toute chose apportée en dot; 2° l'action en revendication, mais limitée à certains cas. Et ces deux garanties il les accorde : *ut per utramque viam sive in rem, sive hypothecariam ei plenissime consulatur.*

La seconde constitution de Justinien est de l'année 530; elle forme la loi uniq., c. *De rei uxoriæ actione.*

Nous avons dit qu'avant l'année 530 l'aliénation du fonds dotal était valable avec le consentement de la femme. Mais si la femme avait ainsi donné son consentement, elle avait par là même renoncé à se prévaloir contre le tiers acquéreur de l'hypothèque privilégiée que lui accordait la constitution de 529. C'est pour remédier à cet inconvénient que Justinien, en 530, fit une nouvelle constitution.

(1) M. Pellat, *Textes sur la dot.* 2e édit., p. 247.

Cette constitution prohibe d'abord d'une façon absolue l'aliénation du fonds dotal.

En second lieu elle attache à l'action en restitution de la dot une hypothéque légale sur tous les biens du mari : *Hypothecam ei etiam ex hac lege donavimus.* A partir donc de l'année 530, la femme, pour assurer la restitution de sa dot, a, à la fois, une hypothèque privilégiée sur tous les biens apportés en dot, et une hypothèque légale sur tous les biens du mari.

La femme peut-elle valablement renoncer à ces garanties ?

D'après nos deux constitutions la femme mariëe peut encore valablement renoncer :

1° A son hypothèque simple sur les biens propres de son mari ;

2° A son hypothèque privilégiée sur les meubles apportés en dot avec ou sans estimation, et sur les immeubles apportés en dot avec estimation.

Mais elle ne peut plus valablement renoncer à son hypothèque privilégiée sur le *fundus proprie dotalis.* Le droit de la femme sur ce fonds doit nécessairement maintenant demeurer intact.

De même donc qu'il faut soigneusement distinguer, sous Justinien, entre la dot mobilière et la dot immobilière au point de vue du pouvoir d'aliénation du mari, de même il faut faire cette distinction quand il s'agit de la faculté pour la femme de renoncer à son hypothèque privilégiée sur les choses apportées en dot.

L'année suivante, c'est-à-dire en 531, parut une troisième constitution de Justinien qui forme la loi 12, § 1, *Qui potiores.* Dans cette constitution, qui est célèbre sous le nom de loi *Assiduis*, l'empereur, voulant plus énergiquement protéger les femmes qui, dit-il, *dotes deperditas lugebant*, décida que l'hypothèque légale qu'il avait accordée l'année précédente à la femme sur les biens de son mari serait privilégiée, de telle sorte qu'elle assurât préférence sur tous les créanciers hypothécaires du mari même antérieurs en date et privilégiés : *potiora jura contra omnes habere mariti creditores, licet anterioris sint temporis privilegio vallati*. Cette loi consacrait une grande injustice, car elle privait un créancier vigilant d'un droit qu'il avait eu soin de conserver ; aussi cette loi, rejetée presque généralement en France dans nos pays de droit écrit, a-t-elle été formellement repoussée de nos codes par l'art. 1572 du code Napoléon.

La loi 29 au code *De jure dot* contenait une autre garantie pour la femme. Si le mari tombait en déconfiture, comme nous dirions aujourd'hui, *marito vergente ad inopiam*, la femme pouvait s'emparer des choses qui lui avaient été hypothéquées pour la restitution de sa dot. Mais il ne s'agissait ici encore que d'une hypothèque conventionnelle ; car, à cette époque, l'empereur n'avait pas encore créé l'hypothèque tacite et générale de la dot. C'est ce que remarque Cujas : *Res viri suppositas oportet intelligere ex conventione obligatas, quia nondum erat tacita hypotheca et Justinianus nondum dederat tacitam hypothecam mulieribus* (1). Ces biens n'en devaient pas moins rester inaliénables entre ses mains jusqu'à la dissolution du mariage. Les praticiens ont appelé ce droit *assecuratio dotis, vel indemnitas dotis* (2).

(1) *Cujacii opera in lege ubi*, c. *De jure dot.*
(2) Favre, c. *De jure dot.* def. 2 *et passim*.

En terminant l'étude des innovations que fit Justinien dans la législation sur la dot, il nous paraît nécessaire de dire quelques mots de la novelle 61, cette novelle ayant eu une certaine influence dans nos pays de droit écrit.

La novelle 61 s'occupe de la donation *propter nuptias*, et pour assurer à la femme le bénéfice de cette donation, elle décide que les biens compris dans cette donation ne pourront en principe être ni aliénés, ni hypothéqués par le mari. Cependant (et c'est là ce qu'il est surtout important de remarquer), l'aliénation et l'hypothèque seraient valables, si la femme avait manifesté son consentement, pourvu qu'elle eût renouvelé ce consentement après le laps de deux années, et que le mari, à cette époque, eût entre les mains des biens d'une valeur au moins égale à ceux qui avaient été compris dans la donation.

Cette novelle ajoute : *Et multo potius hæc in dote valebunt si quid dotis aut alienetur, aut supponatur : jam enim hæc sufficient et delimata atque sancita sunt.*

Faut-il voir dans ces mots une application faite par l'empereur à la dot des règles qu'il vient de poser pour la donation *propter nuptias?* Y a-t-il là un retour de sa part sur les garanties excessives qu'il avait accordées à la femme? Est-il vraisemblable qu'à la fin d'une constitution, étrangère à notre sujet, dans une phrase qui pouvait facilement passer inaperçue, il ait ainsi anéanti en grande partie les règles qu'il avait posées avec tant de soin dans ses constitutions de 529, 530 et 531 ? Plusieurs interprètes l'ont contesté. Glück, entre autres, ne voit dans la disposition finale de la novelle qu'un renvoi aux constitutions antérieures.

Pour nous, en présence des termes si formels que nous avons rapportés, nous ne pouvons adopter l'interprétation de Glück. Nous pensons donc que de cette novelle ressortent les propositions suivantes :

1° Si le mari veut constituer une hypothèque sur le fonds dotal, au profit de son créancier, et que la femme donne son consentement, il y a là, en réalité, une *intercessio*, et la loi 22, C., *Ad S. C. Vell.*, y est applicable. Cette loi, qui est une constitution de Justinien, décidait que si une femme, après avoir fait un acte d'*intercessio*, l'avait confirmé au bout de deux ans, elle ne pourrait plus le faire annuler en invoquant le S. C. Velleien.

2° Si le mari aliène le fonds dotal et que la femme consente à l'aliénation, ce consentement, depuis l'an 530, doit être considéré comme non avenu; mais on peut l'assimiler à une *intercessio*, et la loi 22 *Ad S. C. Vell.* y sera également applicable.

3° Enfin, quand il s'agit de l'hypothèque ou de l'aliénation du fonds dotal, il faut, pour la validité de cet acte, quelque chose de plus que pour la validité d'un acte d'*intercessio* en général. Il ne suffit pas que la femme ait renouvelé son consentement au bout de deux ans, il faut encore que le mari soit assez riche pour pouvoir complétement désintéresser la femme.

Cette interprétation, adoptée par Cujas et développée par M. Demangeat (1), est encore confirmée par le § 4 de la novelle, et par sa rubrique, à la fin de laquelle nous lisons ces mots : *Et ut eadem in dote quoque obtineant.*

Ajoutons enfin que nous retrouvons cette interpréta-

(1) M. Demangeat, p. 220.

tion dans un ouvrage qui, selon M. de Savigny, reproduit le droit de Justinien dans son dernier état : nous voulons parler des *Petri exceptiones,* ouvrage qui paraît avoir été composé à Valence, vers le milieu du onzième siècle.

DROIT FRANÇAIS

DE L'INALIÉNABILITÉ ET DE L'IMPRESCRIPTIBILITÉ DE LA DOT

CHAPITRE PREMIER.

DE L'INALIÉNABILITÉ DE LA DOT DANS L'ANCIEN DROIT FRANÇAIS.

Après avoir étudié l'inaliénabilité de la dot dans la législation où elle a pris naissance, et avant de l'exposer telle que nous la trouvons aujourd'hui dans le code Napoléon, nous croyons utile de jeter un regard rapide sur notre ancien droit français. Nous allons donc successivement rechercher quelles sont les règles qui ont gouverné dans l'ancienne France : 1° le fonds dotal, 2° la dot mobilière. Dans une section séparée, nous étudierons spécialement les dispositions, si exceptionnelles sur ce point, de la coutume de Normandie.

SECTION I.

De la condition du fonds dotal dans l'ancien droit français.

Le droit romain pénétra dans la Gaule à la suite des légions de César, et il ne tarda pas à y obtenir une grande faveur. Un siècle à peine après la conquête, la Gaule n'avait plus d'autre droit que le droit de Rome, de même qu'elle n'avait plus d'autre langue. La facilité merveilleuse avec laquelle le peuple romain s'assimila de vastes nations n'est pas une de ses moindres gloires.

Quand les Francs eurent envahi la Gaule et se furent rendus maîtres du pays, ils trouvèrent donc les populations gallo-romaines vivant sous l'empire du droit romain, et ils ne songèrent pas à proscrire ce droit, car, admettant le principe de la personnalité des lois, ils durent laisser à chacun la liberté de vivre sous sa loi d'origine. Clovis, appelé par les évêques, qui aimaient mieux vivre sous un roi qui favorisait ouvertement le catholicisme que sous un prince arien, franchit bientôt la Loire, et conquit sur les Visigoths les contrées qui s'étendent au sud de ce fleuve : il y trouva encore la législation romaine. Alaric, qui avait fondé sur les deux versants des Pyrénées un vaste royaume, avait composé, en l'an 506, un recueil de lois pour ses sujets gallo-romains. Ce recueil, connu sous le nom de *Breviarium Alarici*, n'était qu'une compilation du code théodosien, et des ouvrages de plusieurs jurisconsultes romains. Les Francs trouvèrent donc le droit romain en possession de toute la Gaule; mais ce droit romain était celui de l'époque des jurisconsultes, et les règles qui régissaient la dot étaient les règles de la loi Julia.

Sous la monarchie franque, la Gaule était complétement détachée de l'empire romain. Entre les chefs francs et les empereurs, il y eut bien encore quelques rapports : c'est ainsi que Clovis, s'il faut en croire Grégoire de Tours, reçut d'Anastase le titre de consul; mais ces rapports étaient des rapports purement honorifiques, et aucune des lois promulguées par les successeurs de Théodose le Jeune ne fut promulguée dans les provinces soumises à l'autorité des rois mérovingiens.

La législation de Justinien pénétra-t-elle dans la monarchie franque? Il est à peu près certain que, longtemps après Justinien, la législation de ce prince n'était pas encore connue dans le midi de la France. Jusqu'au douzième siècle environ, le régime dotal resta, dans notre pays, sous l'influence des principes consacrés par la loi Julia. L'inaliénabilité absolue de la dot était donc alors inconnue en France.

Cependant, vers le milieu du onzième siècle, parut, dans le territoire de Valence, un ouvrage de droit romain qui semble bien contenir la législation de Justinien : nous voulons parler des *Petri exceptiones*. Les dispositions tout exceptionnelles de la novelle 61 sont formellement consacrées dans cet ouvrage. Mais ce monument est tout à fait isolé, et il est aujourd'hui bien certain que, jusqu'au douzième siècle, la législation de Justinien ne s'établit point en France.

Mais il y avait un pays où le droit romain avait eu une meilleure fortune, c'était l'Italie. Au douzième siècle, une immense révolution s'opéra dans cette contrée, et tous les esprits se tournèrent vers l'étude du droit romain. L'enseignement des glossateurs, les travaux si importants de l'école de Bologne eurent un lointain retentissement. Des disciples d'Irnérius parcoururent l'Europe et allèrent partout enseigner le droit romain tel qu'ils l'avaient recueilli dans les compilations de Justinien. C'est alors qu'en France les lois de Justinien finirent par l'emporter sur le code théodosien, et que le fonds dotal fut considéré, dans nos provinces du Midi, comme inaliénable.

Il faut bien se garder de croire, cependant, que l'inaliénabilité du fonds dotal fut la loi de tous nos pays de droit écrit.

L'exception la plus notable qui ait été apportée au principe de l'inaliénabilité, dans les pays de droit écrit, résulte de l'édit célèbre du 16 avril 1664, rendu pour les pays du Lyonnais, Mâconnais, Forez et Beaujolais, édit qui enleva à la loi Julia toute autorité dans ces pays. Le commerce et l'industrie avaient pris dans ces contrées un immense développement; on sentait donc la nécessité de supprimer toute espèce d'entrave aux transactions. Des actes de notoriété délivrés par les officiers des siéges de Lyon, Montbrison, Villefranche et Mâcon, attestaient que la loi Julia était contraire, dans ces pays, aux habitudes locales.

En conséquence, Louis XIV, en 1664, malgré l'opposition du premier président de Lamoignon, rendit l'édit suivant :

« Louis, par la grâce de Dieu... etc. La liberté que nous « avons laissée à nos peuples de vivre chacun dans leur « province suivant les lois qu'un ancien usage leur avait « établies, a fait que quelques-uns se sont conservés dans « la possession de décider par les lois romaines les affaires « sur lesquelles il n'y avait point d'ordonnances faites par « nos prédécesseurs ; les autres ont été régies par les cou- « tumes, et les autres, nonobstant qu'elles fussent régies « par le droit romain, n'ont pas laissé de recevoir, en cer- « tains cas, des usages différents. Notre ville de Lyon et « les provinces du Lyonnais, Forez, Beaujolais et Mâcon- « nais, ont été de ces dernières; lesquelles, quoique gou- « vernées par le droit romain, se sont pourtant établi, par « une longue suite d'années, un usage différent de la loi

« Julia du fonds dotal, suivant lequel elles ont recu pour « valables les obligations passées par femmes, conjoin- « tement avec leurs maris, sans aucune distinction des « biens dotaux ou paraphernaux, mobiliaires ou immo- « biliaires.....

« Cet usage est nécessaire au grand commerce qui fleurit « dans notre dite ville de Lyon et lieux circonvoisins, à « cause de l'avantage de la situation, lequel procure l'a- « bondance de toutes sortes de marchandises à notre « royaume.....

« A ces causes, désirant que nos sujets desdites pro- « vinces soient maintenus et gardés dans ledit usage, con- « forme à celui de beaucoup d'autres provinces, de l'avis « du Conseil et de notre certaine science, pleine puissance « et autorité royale, avons déclaré, statué et ordonné, « déclarons, statuons et ordonnons, par ces présentes, « signées de notre main, voulons et nous plaît que toutes « les obligations ci-devant passées, et qui se passeront à « l'avenir, sans aucune force ni violence des femmes ma- « riées..... soient bonnes et valables, et que par icelles les « femmes aient pu par le passé, et puissent à l'avenir, « obliger valablement, sans avoir égard à la disposition « de la loi Julia susdite, que nous avons abrogée et abro- « geons à cet égard, car tel est notre plaisir....., etc. »

S'il faut en croire le texte de l'édit, il aurait été rendu sur les remontrances du prévôt des marchands et des échevins de la ville de Lyon, inquiets de quelques arrêts récents du parlement de Paris, d'où ressortissaient ces provinces; arrêts qui se prononcaient en faveur de l'ina- liénabilité de la dot. Mais, d'après Bretonnier (1), cette

(1) *Quest. alphab.*, V. Dot et observat. sur Henrys, t. II, quest. 8 et 141.

déclaration de Louis XIV n'a eu d'autre motif que l'intérêt d'un receveur général de Lyon, qui voulut par là augmenter les garanties que lui donnaient ses sous-fermiers, l'abrogation de la loi Julia leur permettant de faire entrer leurs femmes dans les baux, et de leur faire obliger leurs biens dotaux. Quel que soit le motif pour lequel cet édit fut rendu, il n'en est pas moins vrai qu'il fut restreint aux pays pour lesquels il avait été fait ; mais dès lors, dans ces pays (le roi Henri IV, par l'édit de 1606, ayant abrogé dans tout le royaume le S. C. Velleien), la femme mariée put s'obliger valablement et vendre ses biens, même dotaux.

La coutume de Bordeaux renfermait aussi un droit exceptionnel. Dans son art. 63, elle décidait que la femme pouvait consentir à l'aliénation de sa dot et renoncer à son hypothèque, s'il y avait d'autres biens suffisants dans le patrimoine de son mari. Il y avait là, on le voit, une réminiscence de la novelle 61.

Donc, en règle générale, et sauf les deux exceptions que nous venons de mentionner, dans nos pays de droit écrit, le fonds dotal était inaliénable d'une façon absolue.

Quant aux pays coutumiers, ils ne connaissaient pas en général le régime dotal. Ce régime cependant eut une grande autorité et fut consacré par la coutume dans l'Auvergne, dans la Marche et enfin en Normandie.

Dans la province d'Auvergne, bien que cette province fût très-voisine du Forez, on ne suivait pas l'édit de 1664 ; mais le régime dotal, sous l'influence de la novelle 61, y avait éprouvé une modification fort remarquable. La coutume d'Auvergne s'écartait en ce qui concerne l'inaliénabilité de la dot, des principes trop absolus du code de

Justinien. Elle ne prohibait la vente du fonds dotal qu'autant que cette vente nuisait à la femme. C'est du moins ce qui semble résulter de l'art. 3, ch. 14 de la coutume, sur le sens duquel il s'est élevé quelques difficultés et dont voici le texte :

« Le mari et la femme, conjointement ou séparément, « constant le mariage ou fiançailles, ne peuvent vendre, « aliéner, permuter, ni autrement disposer des biens do- « taux de ladite femme, *au préjudice d'icelle*, etc. »

« Mais quand ladite femme est dûment récompensée de « fonds ou chevance certains, en ce cas, est au choix de « ladite femme mariée ou ses descendants, dedans an et « jour après le trépas de sondit mari, recouvrer et soi « tenir à la chose dotale, ou à ladite récompense. Et ledit « an passé, ne pourra revenir à la chose dotale, pour que « la récompense ne fût suffisante, si ce n'est en cas d'évic- « tion. » (A. 4.)

La coutume de la Marche offre les mêmes dispositions.

Nous arrivons à la coutume de Normandie.

SECTION II.

De la condition du fonds dotal dans la coutume de Normandie (1).

Pour terminer cette étude sur l'inaliénabilité du fonds dotal dans notre ancien droit, il nous reste à examiner une coutume, remarquable à tous égards, et dont les dispositions empreintes du plus profond caractère d'originalité contrastent singulièrement et avec le droit des pays coutumiers, et avec le droit des pays de droit écrit. Cette coutume est la coutume de Normandie.

(1) On voudra bien nous pardonner, à raison de notre qualité de Normand, ces détails, un peu étendus peut-être, sur la coutume de Normandie.

Concilier, dans la mesure du possible, le grand intérêt de la circulation des biens, avec la protection dont une bonne législation doit entourer la femme mariée, tel est le problème qui fut résolu dans la coutume de Normandie, ce qui lui mérita le nom glorieux de *sage coutume.* « La « coutume de Normandie, dit Basnage, son plus illustre « commentateur, tient une voie mitoyenne entre le droit « écrit et les autres coutumes de France (1). » Étudions donc ce droit tout exceptionnel ; nous nous demanderons ensuite quelle peut être son origine.

§ 1. Des règles exceptionnelles de la coutume de Normandie, relativement à la disposition du fonds dotal.

Le premier coutumier normand forme la troisième partie d'un manuscrit connu sous le nom de *Livre de la Reine Blanche* et attribué à Pierre de Fontaines, conseiller de saint Louis (2). Ce coutumier remonte donc à cette époque du treizième siècle qui nous a laissé de nombreux monuments juridiques, dont le plus célèbre est le *Coutumier du Beauvoisis,* de Philippe de Beaumanoir. Il a été traduit en plus de sept mille vers par Richard Dombald, sous la date de l'an 1280. Au reste, il était très-complet sur la matière qui nous occupe ; il traitait même longuement de la personne du mari et de la femme, et de l'autorité maritale.

Il disait, dans le langage naïf du temps : « *que le mari « a seigneurie sur sa femme, que les femmes ne peuvent « rien avoir pour elles que tout ne soit à leurs maris;*

(1) Basnage, t. II, p. 465.
(2) Le manuscrit existe à la Bibliothèque impériale.

« *qu'elles ne pouvaient faire aucun marché de nulle pos-* « *session sans le consentement de leurs maris, ni rien* « *vendre tant comme il vive, ne encombrer arrière de lui* « *qu'il ne puisse rappeler; mais de ce que la femme est à* « *la poste de son mari, il peut disposer d'elle et de ses* « *choses, et de ses héritages, et ne peut femme rappeler* « *ce qu'il fait, ni être ouïe tant qu'il vive en derrière de* « *lui, mais ils doivent être ouïs ensemble de toutes les* « *choses qui appartiennent à elles.* »

Et au sujet de la puissance maritale il ajoutait : « *qu'au-* « *cun n'était tenu de faire loi pour simple batture qu'il* « *eût faite à sa femme, mais qu'elle devait être ouïe seu-* « *lement s'il la méhaigne, ou lui crève les yeux, ou lui* « *brise les bras.* » Sentiments peu chevaleresques et qui annoncent un profond mépris des femmes ; mépris partagé par presque tous nos écrivains et nos légistes du seizième siècle (1).

Ces dispositions tout empreintes de barbarie se comprennent dans le premier coutumier de ces fiers pirates du Nord, qui à la suite du traité de Saint-Clair-sur-Epte, arraché à la faiblesse du roi Charles le Simple, s'établirent en Neustrie. Mais elles durent tomber devant le progrès de la civilisation, et elles furent heureusement supprimées dans la rédaction définitive de la coutume de Normandie, rédaction qui eut lieu en 1583, en exécution de la célèbre ordonnance de Montil-les-Tours (1453) par laquelle le roi Charles VII, après la bataille de Formigny, qui expulsait

(1) Nous ne pouvons citer ici ni la vieille coutume de Bretagne, ni d'Argentré ; qu'il nous soit seulement permis de rappeler le chapitre de Montaigne intitulé : *De trois bonnes femmes*, et qui commence par ces mots : « Il n'en est pas à douzaines, comme chacun sçait., etc. » (*Essais*, liv. 2, ch. 35.)

définitivement les Anglais du sol de la France, ordonnait la rédaction des coutumes.

C'est dans son titre 21, dont la rubrique est ainsi conçue : *De bref de mariage encombré*, que la coutume de Normandie traite de la condition du fonds dotal.

L'intérêt public exigeant que les biens puissent circuler librement, la coutume de Normandie décidait que le fonds dotal était aliénable. « *Quand le mari, du consentement* « *de sa femme, ou la femme, de l'autorité et consente-* « *ment de son mari, ont vendu et aliéné, les contrats sont* « *bons et valables*, » dit l'art. 538 de la coutume. Toutes les restrictions de l'ancien droit romain, toutes les prohibitions de Justinien, restrictions et prohibitions qui passèrent dans nos pays de droit écrit, étaient donc inconnues en Normandie. En Normandie, le fonds dotal était aliénable. Et, pour que cette aliénation fût valable, deux conditions seulement étaient exigées : 1° l'autorisation du mari ; 2° la majorité de la femme. Il fallait de plus, aux termes de l'art. 538 de la coutume, qu'il n'y eût ni *fraude*, ni *dol*, ni *déception d'outre moitié de juste prix*, ni *force*, ni *menaces ou crainte telle qui peut tomber en l'homme constant, car la seule révérence ou crainte maritale n'est suffisante*.

Mais quelle garantie avait donc la femme? quelle protection trouvait-elle dans la coutume? « car la coutume, « elle aussi, nous dit Basnage, a regardé les femmes comme « un sexe fragile qui peut être aisément surpris et trompé. »

La femme normande trouvait la protection la plus efficace dans l'obligation de remploi, qui de plein droit et sans stipulation expresse, incombait au mari. Le fonds dotal était-il aliéné ? l'aliénation *a priori* était valable ;

mais la coutume imposait au mari l'obligation de faire remploi sur ses propres biens des deniers provenant de cette aliénation. Que si les biens du mari n'étaient pas suffisants pour remplacer le fonds dotal aliéné ; à la dissolution du mariage, ou après la séparation de biens, la fortune du mari ayant été discutée (1) et son insuffisance étant constatée, la femme pouvait déposséder l'acquéreur du fonds dotal ; « de sorte, disait Basnage, que l'acqué- « reur d'un immeuble, assis en Normandie, appartenant « à une femme mariée, ne peut jamais être assuré qu'en « stipulant un remplacement valable. » La faculté de disposer du fonds dotal, laissée par la coutume, ne pouvait donc jamais nuire à la femme ; aucun préjudice ne pouvait en résulter pour elle, puisque l'aliénation ne pouvait subsister et avoir son effet que si la femme était récompensée sur les biens de son mari. Cette récompense était d'ailleurs garantie par une hypothèque qui prenait rang du jour de la célébration du mariage, et qui, par conséquent, donnait à la femme un droit de préférence sur tous les créanciers du mari, postérieurs à cette célébration. Elle était due de la valeur de l'immeuble au moment de la dissolution du mariage, et la femme, pour exercer cette récompense, avait le choix de prendre à due estimation les biens du mari non aliénés, ou de demander sa récompense en argent et de faire saisir le fonds (2).

Ce n'est qu'à défaut de cette récompense que la femme avait une action pour reprendre son bien aux mains de l'acquéreur. *Et où la femme ne pourrait avoir récompense sur les biens de son mari,* dit l'art. 540 de la coutume,

(1) Cette discussion ne portait que sur les biens situés en Normandie.
(2) Art. 121 du règlement de 1666. — Arrêt du 5 mars 1677.

elle peut subsidiairement s'adresser contre les détenteurs dudit dot, lesquels ont option de le lui laisser ou lui payer le juste prix, à l'estimation de ce qu'il pouvait valoir lors du décès de son mari. Deux voies lui étaient ouvertes pour rentrer en possession du fonds dotal : *le bref de mariage encombré* que la femme devait obtenir dans l'année de la dissolution du mariage, et la revendication que la coutume appelle *la voie propriétaire* (art. 537) ou encore la voie de *la loi apparente.* Cette seconde action devait être intentée dans les quarante ans de la dissolution du mariage.

La femme seule, à l'origine, pouvait au moyen de ces actions déposséder l'acquéreur du fonds dotal, mais dans la rédaction définitive de la coutume, cette faculté fut étendue à ses héritiers (art. 537).

Cette faculté pour la femme ou ses héritiers de recourir contre l'acquéreur du fonds dotal, au cas d'insuffisance des biens du mari, n'était cependant pas absolue. Il y avait en effet des cas où l'aliénation du fonds dotal était consommée sous l'empire d'une nécessité si impérieuse, que l'équité réclamait énergiquement que cette aliénation fût définitive, et qu'aucune menace d'éviction ne restât suspendue sur la tête de l'acquéreur du fonds dotal. *Si la dot a été vendue par la femme,* dit l'art. 541 de la coutume, *pour rédimer son mari, n'ayant aucuns biens, de prison, de guerre, ou cause non civile, ou pour la nourriture d'elle, de son mari, de ses père, mère ou de ses enfants en extrême nécessité, elle ne la pourra retirer sauf le recours de la femme sur les biens du mari, où il parviendrait à meilleure fortune, et non sur les biens des acquisiteurs.* Dans tous ces cas, aucun recours ne pouvait donc être exercé par la femme contre les acquéreurs du fonds dotal (1).

§ 2. Origine de ces règles exceptionnelles.

Quelle est l'origine de ces règles si exceptionnelles de la coutume de Normandie ?

Des auteurs recommandables, continuant la doctrine d'anciens commentateurs, soutiennent que le régime dotal normand est d'origine romaine. « Sortis, non de la Ger-« manie, mais du fond du Nord, dit M. Marcadé (2), sol-« dats farouches, conquérants avides, les premiers Nor-« mands, en s'emparant de la Neustrie et en y prenant les « femmes des vaincus, durent, à l'exemple des premiers « Romains, voir dans leur mariage un rapport du maître « à l'esclave, plutôt qu'une association donnant des droits « communs aux personnes ; et si l'on comprend que l'élé-« ment national, le principe de communauté, n'ait pas pu « dominer dans nos provinces méridionales, trop forte-« ment imbues des idées romaines, on comprend de même « qu'il ne pouvait pas prévaloir sous la domination nor-« mande. »

Un éminent jurisconsulte, dont la perte récente a plongé dans le deuil le monde savant, a combattu avec un rare bonheur cette doctrine. D'après M. Laferrière, c'est dans les coutumes scandinaves qu'il faut chercher l'origine des dispositions de la coutume de Normandie (3).

(1) « Pour mon compte, dit M. Troplong (*C. de M.*, t. IV, p. 291), « j'aime bien mieux le régime de la communauté ; cependant, le régime « dotal étant donné, je ne vois rien de plus sage que l'inaliénabilité « adoucie par la coutume de Normandie. »

(2) Marcadé, t. V, p. 381, à la note.

(3) *Histoire du droit*, par M. Laferrière, inspecteur général des écoles de droit ; t. VI, p. 640.

En effet, parmi les auteurs qui prétendent que c'est au droit romain qu'il faut attribuer le régime dotal normand, les uns pensent que ce régime remonte à l'ancien droit romain de l'empire, au droit gallo-romain de la Neustrie; les autres, au contraire, que ce régime naquit de l'enseignement et de la propagation du droit de Justinien par les professeurs de l'école de Bologne.

Or, un examen attentif nous force à rejeter ces deux thèses.

Si en effet la dotalité normande venait du droit romain de l'empire, n'est-il pas évident que nous retrouverions dans les coutumes de l'Anjou, du Maine, de la Touraine, les règles de cette dotalité ; ces pays voisins de la Normandie étaient en effet soumis à la même domination et à la même législation dans la Gaule romaine.

Si au contraire le régime dotal normand avait pris jour sous l'influence de l'enseignement de Vacarius, qui professait à Oxford au douzième siècle, n'est-il pas évident que ce régime serait conforme au droit de Justinien et que l'inaliénabilité de la dot y serait absolue ?

Il est donc impossible de rattacher au droit romain le régime dotal normand.

Où devons-nous rechercher son origine ? Nous le répétons, dans les lois et les coutumes scandinaves.

Les *Grágás*, recueil de législation islandaise, les lois de Kanut le Grand, les lois suédoises renferment des titres sur la constitution, sur la restitution de la dot en meubles et en immeubles. Les droits du mari et de la femme agissant ensemble, ou du mari agissant seul quelquefois pour la vente des biens dotaux, sont précisément ceux que nous retrouvons dans l'ancien coutumier de Normandie et la coutume de 1583. Les *Grágás* et les autres lois scandinaves veillent à ce que les biens de la femme aliénés par les époux ou par le mari seul, soient *remplacés* par des biens équivalents. Voilà l'origine du remploi qui occupe une si grande place dans la coutume de Normandie et qui distingue le régime dotal des Normands du régime de la dotalité romaine.

« Il ne faut donc pas chercher d'autre source du régime « dotal des Normands, conclut M. Laferrière, et ce régime, « ces garanties existent dans les lois scandinaves, non « comme un simple germe d'institution, mais comme une « institution régulière et développée. — Que dans les temps « modernes, la jurisprudence parlementaire, les juriscon- « sultes de la Normandie aient appliqué à la condition de « la femme normande des règles de droit romain ana- « logues à sa situation, cela n'est pas douteux, et cela de- « vait être, car le droit romain dans ses amples développe- « ments offrait les plus grands secours aux légistes pour « les questions particulières : mais le point de départ était « dans le Nord, mais l'institution elle-même était dans le « droit scandinave (1). »

SECTION III.

De la condition de la dot mobilière dans l'ancien droit français.

Nous avons vu qu'en droit romain la propriété de la dot mobilière fut toujours libre aux mains du mari. Examinons donc ce que devint ce principe dans notre ancien droit français.

(1) P. 644, *loc. cit.*

Il n'y a là, à proprement parler, qu'une question historique, et cependant, sur cette question, bien que nous ayons des documents nombreux, les esprits sont profondément divisés. Pourquoi donc ces divergences? La question de l'inaliénabilité de la dot mobilière s'est présentée de nouveau sous le code Napoléon, et il n'y a pas de question qui depuis cinquante ans ait davantage passionné les esprits. Chacun a donc voulu retrouver dans notre ancienne jurisprudence une confirmation de son opinion, et on a singulièrement négligé la vérité historique. Il est, par exemple, souverainement regrettable de voir un auteur comme M. Marcadé soutenir que « seulement le parlement « de Bordeaux et quelques autres localités avaient étendu « à la dot mobilière l'inaliénabilité des immeubles ; mais « que la plus grande partie de nos pays de droit écrit n'a « jamais admis cette dotalité, corrigée et augmentée. » Il y a là, nous le répétons, une inexactitude historique.

Sauf quelques dissentiments de détail, la jurisprudence ancienne était unanime à reconnaître l'inaliénabilité de la dot mobilière. Partout il était reconnu, d'une part, que la femme ne pouvait pas aliéner la dot mobilière, non seulement pendant le mariage, mais encore après la séparation de biens, hors certains cas de devoir et de nécessité où l'intervention de la justice était même nécessaire ; d'autre part, quant au mari, que si une certaine latitude devait lui être laissée, à raison de son administration, il n'avait pas du moins le droit de disposer de la dot comme de sa propre chose.

Relativement à cette capacité du mari d'aliéner les meubles dotaux, on distinguait généralement selon qu'il s'agissait de telle ou telle classe de meubles. Quant aux meubles dotaux fongibles : sommes d'argent, denrées, etc., le mari peut les aliéner. Quant aux meubles dotaux non fongibles, l'aliénation suivie de tradition était valable, la revendication étant dès lors empêchée par la règle : *en fait de meubles, possession vaut titre.* Mais quant aux choses incorporelles, il y avait de nombreuses divergences dans la jurisprudence des parlements.

Voilà, en résumé, quelle était la condition de la dot mobilière dans notre ancien droit. Arrivons aux développements.

Les quelques coutumes qui consacraient le régime dotal ne faisaient aucune distinction au point de vue de l'inaliénabilité entre les meubles et les immeubles. La coutume d'Auvergne (tit. 14, art. 3) et la coutume de la Marche (art. 227) parlaient des *biens dotaux* indistinctement, mobiliers ou immobiliers. La coutume de Normandie n'était pas moins prévoyante ; car elle disposait que la femme dont la *dot* avait été aliénée avait son recours contre le détenteur, lorsqu'elle ne pouvait avoir récompense sur les biens de son mari. Par ces mots *la dot*, la coutume entendait évidemment parler à la fois des biens mobiliers et immobiliers.

Même garantie accordée à la dot mobilière dans son pays de droit écrit :

Ainsi, à Bordeaux, il était posé en principe que les dots des femmes indistinctement étaient inaliénables. On trouve, en effet, dans le recueil des attestations du barreau de Bordeaux les attestations suivantes : « Attesté le 17 août 1672 « que *les dots* des femmes sont inaliénables. — Attesté « le 16 juillet 1696 que les *biens dotaux* sont inaliénables, « conformément au droit, et que les femmes mariées,

« quoique séparées de biens, ne peuvent aliéner leurs « *biens dotaux.* — Attesté le 4 décembre 1686 que pendant le mariage le mari et la femme ne peuvent, con-« jointement ni séparément, faire aucun acte qui puisse « nuire *à la dot* (1). » A la vérité, les meubles corporels fongibles sont aliénables entre les mains du mari, de même que les meubles périssables et ceux qui n'étant ni fongibles ni périssables ont été mis à prix par le contrat de mariage (2) ; mais une exception formelle est faite pour les choses incorporelles.

Dans le Languedoc la dot mobilière ne fut pas l'objet d'une protection moins efficace. Aussi l'inaliénabilité était-elle de jurisprudence constante dans le ressort du parlement de Toulouse. La femme ne pouvait sans le consentement de son mari céder ses actions ou obligations dotales (3).

En Provence, les règles sur la dot mobilière étaient en général les mêmes. Julien nous dit, en effet, « que la femme ne peut pendant le mariage aliéner ni engager sa dot, soit que la dot consiste en argent, en meubles ou immeubles (4). »

En Dauphiné, la femme et les héritiers de la femme avaient la faculté de faire casser l'aliénation des meubles faite par le mari, lorsque ces meubles ne consistaient pas en poids, nombre et mesure, la raison étant la même que pour l'immeuble constitué dotal, à savoir : la dotalité des-

(1) Ajouter : Salviat, *Jurispr. du parlement de Bordeaux*. (*V.* Dot, nº 9.)

(2) Ferron, p. 152.

(3) De Juin, t. VI, p. 46. — Arrêt du 17 mars 1736.

(4) Julien, *Éléments de jurispr.*, p. 57, nº 28. — Roussilhe, *De la dot*, nº 378.

dits immeubles : arrêt du 14 avril 1600, rapporté par Expilly, ch. 123.

Restent les pays de droit écrit qui, avec l'Auvergne, étaient compris dans le ressort du parlement de Paris. Nous voulons parler du Lyonnais, du Mâconnais, du Forez et du Beaujolais. A raison du développement du commerce, la question de l'inaliénabilité de la dot mobilière prit dans ces pays une grande importance. Il y eut de vives controverses. Néanmoins l'inaliénabilité triompha dans la jurisprudence, si nous en croyons Henrys, ce célèbre jurisconsulte qui exerça les fonctions de *conseiller du roi et de son premier avocat, au baillage et siége présidial de Forez*, et dont les lumières furent si étendues et l'équité si grande, que ses décisions eurent longtemps force de loi dans les parlements, et que les avocats se découvraient lorsqu'ils prononçaient son nom (1). Les arrêts du 26 janvier 1631, et du 14 juin 1636, qui firent alors une immense sensation, jugèrent que la loi Julia (que ne faisait-on pas dire alors au droit romain?) devait être observée tant à l'égard de la dot mobilière que de la dot immobilière. Mais nous savons que la province du Lyonnais n'accepta pas cette défaite, et que l'édit de 1664 vint enlever à la loi Julia toute autorité dans les quatre provinces citées.

En Savoie, par un édit de Charles-Emmanuel, daté de 1682, l'inaliénabilité fut étendue à tous les biens dotaux tant immeubles que meubles. Il est donc constant que, dans la plupart de nos provinces de droit écrit, on s'était éloigné des traditions romaines et qu'on y avait admis l'inaliénabilité de la dot mobilière.

(1) *Œuvres*, liv. 4, c. 3, quest. 8.

CHAPITRE II.

DE L'INALIÉNABILITÉ DU FONDS DOTAL D'APRÈS LE CODE NAPOLÉON. (Art. 1554.)

SECTION I.

But de l'inaliénabilité en droit français. — Son point de départ. Sa durée. — Questions préliminaires.

Nous avons vu qu'en droit romain, les restrictions apportées par la loi Julia au droit de propriété du mari sur le fonds dotal, n'avaient eu d'autre but que de favoriser les secondes noces et de remédier par là à la dépopulation de l'empire.

Il faut bien se garder de croire que, dans le code Napoléon, le but de l'inaliénabilité du fonds dotal soit encore le même qu'en droit romain. Les secondes noces sont frappées aujourd'hui dans toutes les législations d'une défaveur marquée, dont les rédacteurs du code n'ont pu se défendre. Plusieurs textes le prouvent. C'est d'abord l'art. 381, qui, par *a contrario,* dispose que la mère qui convole en secondes noces, perd le droit de correction sur les enfants nés de son premier mariage; c'est l'art. 386 qui prive de la jouissance légale la femme qui se remarie ; c'est enfin l'art. 395, d'après lequel la femme remariée perd la tutelle sur les enfants du premier lit, si le conseil de famille ne la lui conserve. De ces textes, il faut donc conclure que dans notre droit, l'inaliénabilité n'a plus le même but que dans l'ancien droit romain. Examinons donc pourquoi le législateur a permis de la stipuler malgré les graves inconvénients qu'elle entraîne.

Sous l'empereur Justinien, qui donna son complet développement au principe de l'inaliénabilité du fonds dotal, cette inaliénabilité n'avait d'autre but que de protéger la femme mariée : *ne uxor fragilitati naturæ suæ in repentinam deducatur inopiam.*

Tel est encore aujourd'hui le but de l'inaliénabilité.

« L'inaliénabilité de la dot, disait M. Siméon, dans son « discours au Corps législatif, modifiée par les causes « qui la rendent juste et nécessaire et que la loi exprime, « a l'avantage d'empêcher qu'un mari dissipateur ne con- « sume le patrimoine maternel de ses enfants, qu'une « femme faible ne donne à des emprunts ou à des ventes « un consentement que l'autorité maritale obtient pres- « que toujours, même des femmes qui ont un caractère et « un courage au-dessus du commun (1). »

« Le fonds dotal est inaliénable disait le tribun Du- « veyrier, dans son rapport au Tribunat, pour assurer : « la conservation des biens, l'assurance des hérédités di- « rectes, la fortune des enfants, la prospérité des fa- « milles..... »

Mettre le bien de la femme à l'abri de la dissipation ou des mauvaises spéculations du mari, tel est donc, aujourd'hui encore, le fondement de l'inaliénabilité du fonds dotal. La faiblesse de la femme, son inexpérience des affaires, l'état de dépendance dans lequel elle se trouve vis-à-vis de son mari, réclament énergiquement pour elle

(1) Ferret, t. XIII, p. 827.

une protection spéciale. Comment en effet résisterait-elle aux obsessions incessantes de son mari, exigeant d'elle pour le paiement de ses propres dettes le sacrifice de sa fortune ? Pour avoir la paix, la tranquillité, l'affection de son mari, ne préférerait-elle pas le plus souvent se dépouiller de ses biens? L'inaliénabilité a aussi pour but, en protégeant la fortune de la femme contre les incertitudes de l'avenir, d'assurer par là même au mari, à la femme, aux enfants, une dernière ressource et des aliments au cas ou des événements imprévus, une crise subite, des spéculations malheureuses, — faits qui sont trop fréquents de nos jours, — auraient consommé leur ruine.

L'inaliénabilité est le caractère le plus saillant du régime dotal, son caractère distinctif; mais il ne faudrait pas en conclure qu'elle soit de l'essence même de ce régime. On peut valablement en effet se marier sous le régime dotal, et néanmoins stipuler que les biens dotaux pourront être aliénés. L'art. 1557 est formel sur ce point.

Peut-on sous les régimes de mariage, autres que le régime dotal, stipuler l'inaliénabilité de certains biens? Par exemple, sous le régime de la communauté peut-on stipuler l'inaliénabilité des propres de la femme?

Cette question est très-controversée.

Longtemps l'affirmative fut considérée comme certaine; la doctrine toute entière l'accepta, et elle fut consacrée par la Cour de cassation elle-même; mais deux auteurs des plus recommandables (1) sont venus la battre en brèche de tout le poids de leur autorité, et la négative

(1) MM. Marcadé et Troplong.

a trouvé en eux d'éloquents défenseurs. Examinons donc leurs arguments.

L'inaliénabilité, disent-ils, est une faveur exorbitante. Les biens stipulés inaliénables, sont par là même mis hors du commerce ; ils ne peuvent plus faire l'objet de transactions ; de là une grave atteinte à l'ordre public, si vivement intéressé à la libre circulation des biens ; or, tout ce qui est contraire à l'ordre public, ne peut valablement faire l'objet des conventions matrimoniales : est donc nulle la clause qui, sous le régime de la communauté, imprime aux propres de la femme le caractère de biens inaliénables.

De quoi les époux se plaignent-ils ? Ils veulent frapper d'indisponibilité certains biens, mettre une entrave à leur liberté naturelle, afin qu'au jour du malheur, au jour de la ruine, ils puissent trouver encore dans ces biens une dernière ressource et des aliments pour eux et leurs enfants. Soit. Mais que n'adoptent-ils le régime dotal ? En face d'eux ils ont deux régimes : l'un essentiellement libre, l'autre plein d'entraves ; le législateur leur permet de choisir entre ces deux régimes ; ils préfèrent le régime de la liberté ; ils doivent en subir les conséquences, et ils ne peuvent y introduire la principale entrave du régime dotal : l'inaliénabilité.

Ces objections sont graves et spécieuses, sans doute ; nous ne croyons pas néanmoins qu'elles soient suffisantes pour faire triompher l'opinion de ces auteurs.

Il est incontestable que l'inaliénabilité nuit à l'intérêt public ; nous aurions nous-même bien mauvaise grâce à le nier, ayant déjà développé cette idée dans notre introduction. Mais de ce que cette clause nuit à l'intérêt public, en faut-il conclure nécessairement qu'elle tombe sous le coup des art. 1387 à 1390 ; et faut-il la bannir de tout contrat de mariage? Non, assurément.

L'art. 1554 déclare les biens dotaux inaliénables. Or, puisque, lorsqu'il s'agit du régime dotal, le législateur a cru devoir faire fléchir l'intérêt public, demandons-nous s'il n'en doit pas être de même sous le régime de la communauté, si l'inaliénabilité détachée du régime dotal ne peut pas y être importée, ou si c'est une clause jalouse, exclusive, qui ne peut exister qu'à l'ombre du régime dotal?

Quand nous ouvrons le code Napoléon, au titre du contrat de mariage, quel principe voyons-nous consacré au frontispice même de ce titre? Le principe de la liberté des conventions matrimoniales. « La loi, dit l'art. 1387, « ne régit l'association conjugale quant aux biens, qu'à « défaut de conventions spéciales que les époux peuvent « faire comme ils le jugent à propos. »

« Que la plus grande liberté y préside donc, disait en « parlant du contrat de mariage M. Berlier, dans son « exposé des motifs au Corps législatif, et qu'elle n'ait « d'autres limites que celles que lui assignent les bonnes « mœurs et l'ordre public. »

Ainsi le législateur n'a pas voulu imposer aux époux telle ou telle règle, tel ou tel régime ; il a voulu au contraire leur indiquer qu'il leur laissait la liberté la plus illimitée. Si dans les chapitres suivants, sous le nom de régimes, il a tracé un ensemble de règles, c'est seulement dans le but de diriger leur choix, d'éclairer leur liberté, mais non dans le but de la limiter ou de la détruire. Ces grands principes ressortent de la façon la plus formelle des travaux préparatoires et de l'exposé des motifs. Les époux (sauf les restrictions des art. 1387 à 1391) peuvent mettre dans leur contrat de mariage toutes les stipulations qu'il leur plaît ; celles-là même qui seraient interdites dans les contrats ordinaires : la grande faveur dont jouit le mariage, appelait cette autre grande faveur accordée aux conventions qui le précèdent et qui quelquefois le déterminent. Or, de même que les époux peuvent choisir tel ou tel régime, de même qu'ils jouissent d'une liberté absolue relativement aux clauses qu'ils insèrent dans leur contrat, de même aussi ils peuvent, transportant les règles d'un régime dans un autre, enter en quelque sorte un régime sur l'autre. Le législateur le dit lui-même. Ainsi l'art. 1581 du code Napoléon permet aux époux qui se marient sous le régime dotal d'y ajouter une clause de société d'acquêts ; montrant clairement par là que les époux ont toute faculté pour adapter au régime dotal les règles du régime de la communauté. Or, le grand principe de la liberté des conventions matrimoniales écrit dans l'art. 1387, exige également que les époux puissent adapter au régime de la communauté les règles du régime dotal, par conséquent l'inaliénabilité.

Mais M. Troplong va plus loin. « Sous le régime de la communauté, dit-il, la femme est libre sous l'autorité de son mari ; cette liberté qu'elle tient de la loi et de la nature, cette liberté qui est inhérente au régime de la communauté, elle ne peut en faire d'avance le sacrifice et mettre hors de sa disposition une partie de son patrimoine. »

La réponse est facile. Nous avons vu que l'art. 1387 consacre le principe de la liberté des conventions matrimoniales : or, l'argument du célèbre jurisconsulte fait échec à ce principe. Il invoque la liberté inhérente au régime de la communauté; nous invoquons la liberté des conventions matrimoniales, liberté qui peut aller jusqu'à l'abdication de la première. L'art. 1387 n'aurait plus aucun sens, s'il ne permettait à la femme, qui répudie cependant le régime dotal, d'abdiquer néanmoins le droit qu'elle aurait de droit commun, sous le régime de la communauté, de disposer de ses biens avec l'autorisation de son mari ou de justice.

Ce n'est pas seulement sous le régime de la communauté que le caractère d'inaliénabilité peut être imprimé à certains biens ; c'est encore sous les régimes exclusifs de la communauté. Un auteur (1), cependant, repousse énergiquement cette solution, au cas où la femme s'est mariée sous le régime de séparation de biens, et au cas où, s'étant mariée sous le régime dotal, aucun de ses biens n'a été frappé de dotalité. « Dans quel but l'inaliénabilité existe-t-elle? se demande cet auteur. N'est-ce pas dans le but unique de fournir au mari les ressources nécessaires pour supporter les charges du mariage? Or, la femme séparée de biens, ou qui n'a que des paraphernaux, conserve la jouissance de ses biens; ici donc l'inaliénabilité n'a plus d'objet. » Cet argument n'est pas sérieux; il tombe devant cette seule considération que, dans ces deux hypothèses, la femme a néanmoins contracté envers le mari l'obligation de contribuer aux charges du mariage, et qu'à défaut de stipulation expresse, elle doit verser entre ses mains, à cet effet, un tiers de ses revenus.

Ainsi, l'inaliénabilité, qui, de sa nature, appartient au

(1) Bellot des Minières.

régime dotal, peut valablement être détachée de ce régime et transportée dans un autre (1).

Étudions maintenant quelle est la durée de l'inaliénabilité du fonds dotal.

Et d'abord, il est bien évident que l'inaliénabilité ne peut commencer avant la célébration du mariage. Avant cette célébration, en effet, il n'y a pas de dot proprement dite; il ne peut donc être question d'inaliénabilité. Le contrat de mariage est subordonné, ainsi que toutes les conventions qu'il renferme, à une condition suspensive : la réalisation même du mariage : *Tabulæ nuptiales*, dit un vieil auteur, *ad tempus consummati matrimonii referri debent.*

Mais que faudrait-il décider dans le cas où la femme aurait consenti des aliénations dans l'intervalle du contrat à la célébration ?

Ce que la loi a entendu, avant tout, prohiber sous tous les régimes, c'est tout acte frauduleux qui aurait pour but de porter atteinte aux conventions matrimoniales, avant la célébration du mariage. Voilà pourquoi les art. 1396 et 1397 entourent de tant de formalités les changements ou contre-lettres faits au contrat dans cet intervalle du contrat à la célébration. Voilà pourquoi l'art. 1404, 2°, déclare qu'au cas de stipulation du régime de la communauté, si l'un des époux acquiert un immeuble depuis le contrat de mariage, et avant la célébration, en échange

(1) Affirm., Duranton, t. XV, nos 295 et 297. — Rod et Pont, t. I, nos 78 et 79; t. II, 785. — Toullier, t. XII, no 372. — Bellot, t. IV, p. 295. — Zachariæ, t. III, p. 102. — Dalloz, V. Commun, 752 et suiv. — Demolombe, *Revue critique*, 1851, p. 717. — Emile Ollivier, *Revue pratique*, t. III, p. 529. — Arrêts : Paris, 30 mai 1835; Cassation, 24 août 1836; Caen, 27 déc. 1850, 11 fév. 1851, etc., etc.

d'objets qui seraient tombés dans la communauté, l'immeuble acquis dans cet intervalle entrera néanmoins dans la communauté. Nous ne trouvons point de disposition formelle sur ce point au chapitre du régime dotal. Nous y voyons seulement que la femme, dans l'intervalle du contrat à la célébration, ne pourra, en contractant des dettes, engager valablement ses biens dotaux (art. 1558). Mais si l'on se réfère non plus à la lettre, mais à l'esprit du code Napoléon, on doit, relativement aux aliénations consenties par la femme dans cet intervalle, donner la solution suivante :

L'aliénation, sans doute, est valable; car la femme était propriétaire, et la dotalité ainsi que l'inaliénabilité ne commencent qu'au moment de la célébration du mariage. Mais il y a eu fraude de la femme vis-à-vis de son futur mari : elle devra donc indemniser son mari sur ses paraphernaux, à raison de la privation de jouissance résultant pour lui des aliénations en question (1).

Nous avons raisonné dans l'hypothèse où l'aliénation a été consentie par la femme en fraude de son futur mari. Cette aliénation serait, au contraire, parfaitement valable en ce qui concerne les époux, si le futur mari et toutes les personnes qui ont été parties au contrat y avaient donné leur assentiment. L'art. 1396 est formel sur ce point.

Quand cesse l'inaliénabilité du fonds dotal? Continue-t-elle même après la séparation de biens? Ce point fut controversé pendant les quelques années qui suivirent la promulgation du code Napoléon. Dans une opinion, aujourd'hui universellement abandonnée, on prétendait que la séparation de biens faisait cesser l'inaliénabilité.

(1) Tessier, t. 1, p. 290.

Le législateur, disait-on, a soigneusement distingué les différents régimes de mariage, et il a consacré un paragraphe spécial au régime de la séparation de biens. Lorsque la femme est mariée sous le régime de la communauté, si alors elle demande et obtient la séparation de biens, n'est-il pas vrai de dire que cette séparation fait complétement disparaître la communauté? Or, si la séparation de biens anéantit ainsi la communauté, ne doit-elle pas faire disparaître également tout ce qui caractérise le régime dotal, par conséquent l'inaliénabilité? Il y a, en un mot, substitution au régime dotal du régime de la séparation de biens.

Quel a été, ajoutait-on, l'esprit de la loi en ce qui touche l'imprescriptibilité du fonds dotal? N'est-ce pas que cette imprescriptibilité cadrât rigoureuseusement avec l'inaliénabilité dont elle n'est, après tout, qu'une conséquence? Or, l'article 1561 déclare que l'immeuble dotal devient prescriptible après la séparation de biens; s'il devient prescriptible, c'est donc que l'inaliénabilité n'existe plus.

On s'appuyait encore sur l'article 1563 du code Napoléon. Cet article s'exprime ainsi : « Si la dot est mise en « péril, la femme peut poursuivre la séparation de biens, « ainsi qu'il est dit aux art. 1443 et suivants. » Ce renvoi dans sa généralité comprend donc l'art. 1449, aux termes duquel la femme séparée est libre d'aliéner ses immeubles avec la seule autorisation de son mari ou de justice (1).

Quelque spécieux que fussent à première vue ces arguments, ils n'ont pu réussir à faire prévaloir ce système : il a été universellement condamné par la doctrine et la jurisprudence.

(1) Toullier, t. XIV, 253. — Delvincourt. t. III. — Nîmes, 23 avril 1812.

Et d'abord on pouvait écarter sans aucune hésitation l'argument tiré de l'art. 1561. Il est faux de dire que, dans le système de la loi, l'inaliénabilité doit nécessairement cadrer avec l'imprescriptibilité. Nous voyons, en effet, que, tandis que la règle de l'inaliénabilité s'applique à tous les immeubles dotaux sans distinction, l'imprescriptibilité n'existe que pour ceux qui, au moment de la célébration, n'étaient pas déjà en voie de se prescrire ; pour ceux dont la prescription aurait commencé avant le mariage, bien qu'ils soient inaliénables, cette prescription continue de courir au profit du possesseur (art. 1561, 2°). Il y a bien là sans doute quelque chose qui, au premier abord, paraît étrange. Voilà, en effet, une femme qui ne peut valablement consentir par un acte exprès à l'aliénation de son immeuble, et qui, par une simple abstention, par un silence volontaire de trente ans, peut laisser consommer son dépouillement. Nous verrons cependant plus tard si cette distinction est illogique et purement arbitraire ; constatons seulement ici que la loi n'a pas fait nécessairement cadrer l'inaliénabilité et l'imprescriptibilité.

Quant à l'argument tiré de l'art. 1563, il n'a aucune valeur. Sans doute cet article, tout en permettant à la femme dotale de demander la séparation de biens, renvoie aux art. 1443 et suivants. Mais dans quel but? Son texte lui-même n'indique-t-il pas que s'il renvoie à ces articles, c'est seulement en ce qui touche les formes et conditions au moyen desquelles la séparation peut être obtenue, mais non pour déterminer les effets qui seront produits par cette séparation ?

Nous ajouterons enfin que si l'inaliénabilité du fonds dotal est une protection accordée à la femme contre sa faiblesse et son inexpérience, ce n'est pas au moment où intervient une séparation de biens que doit cesser cette protection. La séparation de biens, en effet (nous parlons de la séparation de biens principale, beaucoup plus fréquente que la séparation de biens accessoire de la séparation de corps) (1), ne brise pas la vie commune; le devoir de cohabitation demeure intact; même dépendance de la part de la femme vis-à-vis de son mari, par conséquent même faiblesse. La séparation de biens ne doit donc pas mettre un terme à la protection dont le législateur environne la femme dotale.

Il est difficile, au reste, de comprendre cette controverse, en présence du texte si formel de l'art. 1554, d'après lequel l'inaliénabilité a lieu *pendant le mariage*. M. Portalis, au conseil d'État, s'exprimait ainsi, dans la séance du 13 vendémaire, an XII (2) : « L'inaliénabilité n'existe « et n'a de résultat *que pendant la durée du mariage ;* « elle s'évanouit aussitôt qu'il est *dissous. Pendant le ma-* « *riage,* elle a le double avantage..., etc. » De ces expressions il résulte évidemment que l'inaliénabilité continue même après la séparation de biens, cette séparation ne dissolvant pas le mariage (3).

Si la séparation de biens ne fait pas cesser l'inaliénabilité du fonds dotal, il en est tout autrement de la dissolution du mariage; alors, en effet, la dotalité s'évanouit. La femme, cessant d'être sous l'influence et l'autorité de son

(1) Les statistiques constatent que chaque année, en moyenne, le chiffre des séparations de corps prononcées est de 1,000, tandis que le chiffre des séparations de biens dépasse 4,700.

(2) Locré, t. XIII, p. 207.

(3) Tessier, t. I, 301. — Zachariæ, t. III, 577. — Troplong, t. IV, 3598. — Cassat., 9 avril 1823; 28 mars 1827; 18 mai 1830; Req., 16 mars 1836.

mari, n'a plus besoin de cette protection exorbitante qu'elle avait reçue de la loi en se mariant sous le régime dotal. L'avenir de ses enfants, son propre avenir sont désormais entre ses mains. Elle pourra les compromettre, sans doute, mais son propre intérêt et l'intérêt de ses enfants l'arrêteront peut-être dans une voie où la légèreté et l'irréflexion l'entraîneraient. Laisser subsister après la dissolution du mariage une entrave à la libre disposition de ses biens, c'eût été d'ailleurs porter une atteinte très-grave à l'intérêt public et limiter d'une façon trop arbitraire un droit sacré entre tous : le droit de propriété. A la dissolution du mariage, la femme recouvre donc pour l'avenir (mais pour l'avenir seulement, comme nous le verrons plus tard) la pleine et libre disposition de ses biens.

SECTION II.

Quels immeubles sont inaliénables.

« Les immeubles constitués en dot ne peuvent être « aliénés....., dit l'art. 1554 du code Napoléon. » Demandons-nous d'abord quel est ici le sens de ce mot *immeuble?*

Le code Napoléon distingue trois sortes d'immeubles : les immeubles par leur nature, les immeubles par destination, les immeubles par l'objet auquel ils s'appliquent (art. 517).

Or, évidemment, l'art. 1554 s'applique aux immeubles par leur nature ; sur ce point, il n'y a et il ne peut y avoir aucune difficulté.

Quant aux immeubles par destination, ils ne sont immeubles que parce qu'ils sont attachés à un fonds à perpétuelle demeure ou pour le service et l'exploitation de ce fonds (art. 524). Il faut donc décider que, tant qu'ils sont adhérents au fonds ou y restent attachés, ils sont régis par notre article 1554. Si, au contraire, ils sont détachés du fonds, ils perdent alors leur caractère d'immeubles et ils sont gouvernés par les règles qui régissent la dot mobilière, règles que nous expliquerons ultérieurement.

L'inaliénabilité affecte également la troisième classe d'immeubles, c'est-à-dire les biens qui sont immeubles par l'objet auquel ils s'appliquent : l'usufruit, l'usage, l'habitation, les servitudes (art. 526). Ces droits, s'ils sont entrés dans la constitution de dot, sont tous inaliénables.

Sont aussi inaliénables les droits immobiliers qui, sans reposer actuellement sur un immeuble, se réfèrent cependant à cet immeuble et doivent procurer à la personne la propriété ou un démembrement de la propriété de cet immeuble. Le dernier alinéa de l'art. 526 mentionne ces droits sous la qualification d'actions qui tendent à revendiquer un immeuble; or, cette qualification est incomplète et inexacte. L'action, en effet, n'est qu'une des qualités du droit, sa mise en exercice. Aux actions qui tendent à revendiquer un immeuble, il faut donc ajouter la faculté de rémérer un immeuble (art. 1659) ou celle de faire annuler (art. 1110, 1111, 1116), révoquer (art. 953) ou rescinder (art. 1674) l'aliénation d'un immeuble. Ce sont là, en effet, des droits immobiliers. Le mot *revendiquer* employé par l'article 526 est en outre inexact; en le prenant dans son sens rigoureux, cet article signifierait que, parmi les actions immobilières, seules, les actions réelles sont immeubles, et cependant il est incontestable que les actions personnelles immobilières partagent avec les actions réelles immobilières cette qualité d'immeubles. Au reste, les actions personnelles immobilières sont devenues extrêmement rares depuis que le code Napoléon a introduit le principe qu'aujourd'hui la propriété se transfère par le seul consentement et indépendamment de la tradition.

A ces différentes classes d'immeubles, il faut ajouter certains biens incorporels qui ont été immobilisés par une faveur particulière de la loi. Trois décrets postérieurs au code sont venus permettre d'immobiliser certains droits ayant pour objet de l'argent, des capitaux. D'après l'article 7 du décret du 16 janvier 1808, les propriétaires d'actions de la banque de France peuvent imprimer à ces actions le caractère d'immeubles en déclarant leur volonté dans la forme voulue pour le transfert des rentes. Un décret du 1er mars de la même année permet d'immobiliser de la même manière les rentes sur l'État pour la formation d'un majorat. Enfin, un décret du 16 mars 1810 étend ce privilége aux actions de la Compagnie des canaux d'Orléans et du Loing. Toutes ces actions, lorsqu'elles ont le caractère d'immeubles, sont également inaliénables.

Un arrêt du conseil d'État du 17 juillet 1843 décide qu'au cas de contestation sur le transfert d'une rente que le ministre des finances refuse d'autoriser par le motif que cette rente est dotale, les tribunaux, sans doute, sont seuls compétents pour prononcer sur la dotalité; mais ils ne peuvent rien ordonner sur le mérite du transfert qui est un acte administratif et qui, par conséquent, ne peut relever que de l'autorité administrative. C'est donc au ministre seul qu'il appartient de lui donner ou refuser effet.

La jurisprudence a été plusieurs fois appelée à se prononcer sur le principe de l'inaliénabilité des immeubles incorporels. Ainsi la Cour de cassation, dans son arrêt du 28 février 1825, a décidé que le mari, dont la femme s'était constitué en dot ses droits légitimaires, n'a pu valablement transiger sur le supplément de légitime que cette dernière avait droit de prétendre en corps héréditaires dans la succession de sa mère. La femme s'étant constitué en dot tous ses biens maternels, dit l'arrêt dans un de ses considérants, cette légitime formait un fonds dotal inaliénable. Un second arrêt de la Cour de cassation (16 mars 1829) déclare nulle la cession faite par le mari des droits successifs de sa femme qui avait contitué en dot tous ses biens présents et à venir.

SECTION III.

Comment doit être entendue la règle que le fonds dotal est inaliénable, et quelle est l'influence de cette règle sur la capacité des époux.

Mais comment doit être entendue cette règle que l'immeuble dotal est inaliénable et quelle est l'influence de cette règle sur la capacité respective des époux?

L'article 1554 s'exprime ainsi :

« Les immeubles constitués en dot ne peuvent être « aliénés, ni hypothéqués pendant le mariage, *ni par le* « *mari, ni par la femme, ni par les deux conjointe-* « *ment.* »

La prohibition d'aliéner les immeubles s'adresse donc,

aux termes de notre article, au mari, à la femme, à tous les deux conjointement.

Quant au mari, la prohibition de la loi était inutile. C'est, en effet, un principe de raison que personne ne peut valablement disposer du bien d'autrui : *Nemo dat quod non habet; nemo plus juris in alium transferre potest quam ipse habet.* Le régime dotal donne sans doute au mari un pouvoir très-étendu, un pouvoir d'administration et de jouissance; mais il ne lui donne pas un droit de propriété. Nous trouvons, au reste, une disposition analogue dans l'article 1422, 3e alinéa. Il est probable que les rédacteurs du code, trouvant dans les lois romaines une entrave au pouvoir du mari, l'ont reproduite dans notre article, sans prendre garde que, très-utile en droit romain où le mari était propriétaire de la dot, *dominus dotis*, elle est de toute inutilité sous l'empire du code Napoléon.

Le mari n'est pas propriétaire du fonds dotal. Aussi verrons-nous plus tard que si, profitant de la faculté qui leur est laissée par l'art. 1557, les époux ont stipulé l'aliénabilité du fonds dotal, ce fonds, qui alors peut faire l'objet de transactions, ne peut être vendu que par la femme. C'est encore la femme qui, dans les cas des art. 1558, 1559, doit demander à la justice l'autorisation de vendre le fonds dotal.

Notre article ajoute que le fonds dotal ne pourra être aliéné *par la femme.* Cette seconde prohibition était toute aussi inutile que la première : la loi, en effet, dans le double but de sauvegarder l'autorité maritale et de protéger la femme contre sa faiblesse et son inexpérience, a placé la femme mariée parmi les incapables (art. 1124), frappant de nullité, mais de nullité relative, tout acte fait par elle sans l'autorisation de son mari ou de justice (art. 227, 1304). Il est donc bien évident que, lorsque la femme aliène seule l'immeuble qui a été frappé de dotalité, si cette aliénation est rescindable, ce n'est point à cause de sa qualité de femme dotale, mais bien à cause de sa qualité de femme mariée non autorisée par son mari ou par justice.

Cependant, il y a un cas où la femme mariée peut, en principe, aliéner ses immeubles sans obtenir spécialement l'autorisation maritale ou de justice; c'est lorsque la femme est marchande publique (art. 7, c. comm.). Mais cet article ajoute : « Toutefois leurs biens stipulés « dotaux, quand elles sont mariées sous le régime dotal, « ne peuvent être hypothéqués ou aliénés que dans les cas « déterminés et avec les formes réglées par le code civil. » Voilà donc un cas où, de droit commun, la femme mariée pourrait seule vendre valablement un de ses immeubles. Elle ne le pourra plus si elle est mariée sous le régime dotal (art. 7, c. comm.). Il y a donc là une application de ces mots de l'art. 1554 : *ni par la femme.*

Mais ce qu'il était utile de dire dans l'art. 1554, et ce qui constitue le caractère fondamental, essentiel, de l'inaliénabilité du fonds dotal, c'est que ce fonds ne peut être aliéné par la femme, même munie de l'autorisation maritale.

Est-ce donc que la femme mariée sous le régime dotal a par là même augmenté son incapacité? Nullement. La femme mariée sous le régime dotal peut, avec la seule autorisation de son mari ou de justice, s'obliger valablement et disposer de ses paraphernaux. Si elle ne peut avec la même autorisation disposer des biens qui ont été frappés de dotalité, c'est seulement à cause d'une faveur spéciale que la loi attache aux biens dotaux, en exigeant qu'ils soient soustraits à l'action des créanciers. Si donc la femme mariée sous le régime dotal, et dont tous les biens sont dotaux, contracte une obligation avec l'autorisation de son mari, cette obligation est parfaitement valable; la femme est véritablement débitrice, car elle était capable de s'obliger; seulement l'exécution de son obligation ne pourra être poursuivie par ses créanciers sur le fonds dotal. Un arrêt de la cour de Lyon, du 14 août 1838, avait jugé d'une manière générale et absolue que la femme mariée sous le régime dotal était incapable de s'obliger même avec l'autorisation de son mari, au lieu de se borner à défendre l'exécution de ses engagements sur les biens actuels de la femme, qui tous étaient dotaux. Mais la Cour suprême a cassé cet arrêt le 29 juin 1842.

SECTION IV.

Étendue de la prohibition d'aliéner le fonds dotal.

Il nous reste maintenant à déterminer quel est le sens et la portée du mot *aliéner* que renferme l'article 1554.

Il faut entendre ce mot dans un sens absolu, d'où il faut nécessairement conclure que tous les modes d'aliénation sont prohibés par notre article. Ainsi l'immeuble dotal ne pourra jamais, hors les exceptions prévues par les articles 1555, 1556, 1558, 1559, être aliéné ni pour le tout, ni pour partie, ni quant à la propriété, ni quant à quelque démembrement de propriété. Cependant des doutes sérieux peuvent s'élever au sujet de quelques modes d'aliénation ; nous aurons donc à rechercher s'ils doivent être compris dans la prohibition de l'art. 1554.

Et d'abord, la vente du fonds dotal est interdite, puisque la vente est le mode d'aliénation par excellence. Ce que nous disons de la vente, il faut le dire également de l'échange et de la dation en payement.

La même solution doit être donnée en ce qui concerne la donation entre vifs. La donation, en effet, emporte un dépouillement actuel et irrévocable (art. 894). Donner, c'est donc aliéner ; *Donare est perdere,* dit la loi 7 *De donat. Dig.* Nous trouverons cependant plus tard deux exceptions à cette prohibition de donner le fonds dotal (art. 1555, 1556).

La femme mariée sous le régime dotal peut-elle disposer de ses biens dotaux par voie d'institution contractuelle ? Cette question est très-délicate et très-controversée. Beaucoup de jurisconsultes, tant anciens que modernes (1), ont décidé que la femme mariée sous le régime dotal pouvait valablement disposer par cette voie de ses biens dotaux. Malgré l'autorité qui s'attache à ces auteurs, nous ne pouvons admettre leur opinion.

L'institution contractuelle, disent-ils, n'est qu'un testament irrévocable. La femme alors n'a-t-elle pas la jouissance de sa dot jusqu'à sa mort ? Cette jouissance n'est-elle pas par là même conservée au mari pendant toute la durée

(1) Roussilhes, *De la dot.* — Chabrol, *Cout. d'Auvergne.* — Arrêts du parlement de Paris. — Grenier, *Donations*, t. II, p. 49. — Tessier, t. I, note 507. — Delvincourt, t. II, p. 639. — Duranton, t. IX, p. 720. — Troplong, t. IV, p. 359.

du mariage? Pourquoi donc déclarer nul un acte qui ne fait aucun tort au ménage, qui ne lui enlève aucune de ses ressources, qui ne nuit en aucune façon à l'établissement des enfants? « Pourquoi, dit M. Troplong, s'effa« roucher d'une aliénation qui n'a d'effet qu'après la mort « de la femme... et qui, pendant le mariage, laisse les « choses intactes? »

Nous répondons qu'il n'est point exact de dire que l'institution contractuelle laisse les choses intactes pendant le mariage. Elle confère, en effet, un avantage actuel et irrévocable à l'institué, puisque le disposant se prive à l'instant même du droit de disposer à l'avenir à titre gratuit (art. 1083). Donc, par l'institution contractuelle, le donateur aliène l'un de ses droits et n'a plus sur ses biens la plénitude de propriété dont parle l'art. 544 du code Napoléon; donc son droit de propriété est altéré et amoindri; donc il y a aliénation, et cette aliénation tombe sous le coup de notre article 1554.

L'institution contractuelle ne rentre pas, dit-on, dans les prohibitions de cet article, parce qu'elle n'a d'effet qu'à la dissolution du mariage, et que *durante matrimonio* elle n'enlève aucune ressource aux époux. Sans doute, l'institution contractuelle n'a d'effet qu'à la dissolution du mariage; mais le principe de l'inaliénabilité des biens dotaux ne repose pas uniquement sur la nécessité de satisfaire aux charges du ménage, il repose encore sur la nécessité d'obvier à la faiblesse de la femme et à l'influence du mari qui pourrait la forcer à consentir des aliénations de son bien dotal.

Remarquons en outre que le code Napoléon a admis l'inaliénabilité du fonds dotal d'une façon absolue; il n'a apporté à cette inaliénabilité que des exceptions claires et précises, en dehors desquelles l'inaliénabilité reste dans toute sa force; il a voulu par là mettre un terme aux controverses de l'ancienne jurisprudence où l'on voit chaque parlement admettre des exceptions arbitraires à l'inaliénabilité de la dot. Or, il n'y a aucune exception dans le code pour le cas d'institution contractuelle.

On dit que l'institution contractuelle ne nuit pas à l'établissement des enfants, but principal de la dotalité. Il y a là une erreur manifeste ; car il est certain que la femme qui aurait disposé du fonds dotal par voie d'institution contractuelle, ne pourrait plus disposer de ce fonds par donation entre vifs, pour favoriser l'établissement par mariage ou autrement de ses enfants (art. 1083, 1556).

Il est si vrai que l'institution contractuelle renferme une aliénation qu'on reconnaît généralement à la femme mariée, l'incapacité, sous quelque régime que ce soit, de donner ses biens par voie d'institution contractuelle sans l'autorisation de son mari. Il faut donc décider que l'immeuble dotal ne peut valablement être compris dans une institution contractuelle, puisque, sous le régime dotal, l'autorisation du mari ne peut rendre valable l'aliénation du fonds dotal.

Au reste, nous plaçons cette opinion sous la protection de la haute autorité de M. Demolombe (1) et d'un remarquable arrêt de la cour de Caen dont voici quelques considérants :

« Considérant que l'institution contractuelle est une « donation irrévocable en ce sens qu'aux termes de l'ar- « ticle 1083 du code civil elle interdirait à la donatrice la

(1) *Revue critique*, 1851, p. 418.

« faculté de disposer dorénavant, à titre gratuit, des objets « donnés, si ce n'est pour sommes modiques.

« Considérant qu'une telle donation emporte une alié- « nation au moins partielle des droits du donateur sur la « chose donnée, qu'elle ne peut donc avoir lieu sur les « biens dotaux puisqu'elle enlèverait à la femme le pou- « voir de les consacrer dans la suite à l'établissement de « ses enfants, ce qui est cependant la principale destina- « tion de la dot, et qu'elle se priverait aussi de la faculté « de les donner par testament..... (1) »

Que dirons-nous de la donation entre époux? La femme peut-elle, pendant le mariage, donner à son mari l'immeuble frappé de dotalité? Presque tous les auteurs qui ont traité la question et la jurisprudence prétendent que la donation entre époux étant essentiellement révocable, doit être assimilée aux dispositions de dernière volonté et par conséquent doit être considérée comme valable.

Nous ne pouvons partager cette opinion. Sous le terme générique d'aliénation, nous avons vu, en effet, que l'article 1554 comprend la donation entre vifs (sauf les exceptions des art. 1555, 1556).

« Dans la donation entre époux, y a-t-il, oui ou non, une aliénation? demande M. Demolombe. L'affirmative est incontestable, donc cette donation ne saurait pas comprendre un bien dotal, qui ne peut pas être aliéné. » (2)

Que dirons-nous du testament? La femme peut-elle,

(1) Caen, 16 août 1842. — Nîmes, 18 février 1834. — Agen, 28 janvier 1856. — Zachariæ, t. III, p. 578. — Paul Pont, *Revue critique*, 1853, p. 146. — Cours de M. Duverger.

(2) *Revue critique*, 1851, p. 417. — Cours de M. Duverger. — *Contra* : Caen, 2 juillet 1823; Cassat., 1er décembre 1824; Riom, 5 décembre 1825. — Duranton, t. XV, 536 — Tessier, 2, 59, 311. — Troplong, IV, 3273.

pendant le mariage, disposer valablement par testament de l'immeuble frappé de dotalité? L'affirmative est évidente. En effet, le testament est un acte qui ne produit son effet qu'à la mort du testateur et qu'il peut toujours révoquer; au moment donc où le legs du fonds dotal contenu dans ce testament produira son effet, le mariage sera nécessairement dissous et la dotalité n'existera plus.

A la défense d'aliéner le fonds dotal, l'art. 1554 ajoute celle de l'hypothéquer. Cette prohibition était inutile. L'hypothèque en effet contient en germe l'aliénation, et d'autre part le droit d'hypothéquer n'existe que là où se trouve le droit d'aliéner (art. 2124). Nous avons même vu que dans l'histoire de l'indisponibilité du fonds dotal, la prohibition absolue d'hypothéquer a précédé celle d'aliéner (1).

Du principe que le fonds dotal est inaliénable, il faut encore conclure qu'il ne peut être grevé de ces droits réels qui amoindrissent la propriété : usufruit, usage, habitation, servitudes réelles. Ces droits sont, en effet, des démembrements de propriété, et, puisque l'inaliénabilité porte sur la propriété pleine et entière, elle doit porter également sur les différents éléments qui la composent.

Mais, quant aux servitudes, il faut remarquer que la loi distingue plusieurs sortes de servitudes : les servitudes qui dérivent de la loi, les servitudes qui dérivent de la situation naturelle des lieux, les servitudes qui sont établies par le fait de l'homme (art. 639). Les servitudes de cette troisième classe rentrent évidemment dans la prohibition de l'art. 1554. Ainsi la femme, même autorisée de son mari, ne peut valablement constituer une servitude de passage sur le fonds dotal.

(1) Loi Julia.

Mais que dirons-nous des servitudes légales? La condition tout exceptionnelle de l'immeuble dotal l'affranchit-elle de ces servitudes? Le fonds dotal est-il assujetti à recevoir les eaux qui découlent naturellement du fonds supérieur (art. 640)? La femme dotale peut-elle être contrainte au bornage (art. 646)? Peut-elle être contrainte à céder la mitoyenneté du mur qu'elle a fait construire sur la limite de son immeuble frappé de dotalité (art. 661)? Ou bien, en cas d'enclave, est-elle obligée de céder un droit de passage sur cet immeuble (art. 682)?

A toutes ces questions la réponse n'est pas douteuse. En effet, si le code Napoléon appelle les servitudes légales des servitudes, c'est par un abus de langage. Il n'y a, à proprement parler, de servitudes que celles qui sont établies par un fait de l'homme, puisque seules elles sont une dérogation au droit commun. Les servitudes légales, au contraire, sont le droit commun de la propriété en France; car la propriété (malgré la définition un peu prétentieuse du premier alinéa de l'art. 544) n'est que le droit de jouir et de disposer des choses sous les restrictions établies par la loi. Il faut donc décider que l'inaliénabilité du fonds dotal ne l'affranchit pas de l'obligation de contribuer aux charges imposées par la nécessité publique ou privée, par les besoins du voisinage, par la situation des lieux.

Sur le cas d'enclave une difficulté peut s'élever. L'immeuble dotal n'est peut-être pas, en effet, le seul fonds qui soit limitrophe de l'immeuble enclavé. Le propriétaire enclavé pourra-t-il alors contraindre la femme dotale à lui délivrer le passage sur le fonds frappé de dotalité, ou devra-t-il s'adresser exclusivement pour la délivrance de ce passage à ses autres voisins? Nous pensons que, sans violer la prohibition de l'art. 1554, le passage pourra être établi sur le fonds dotal : le fonds dotal, comme les autres fonds voisins, étant assujetti à cette servitude légale; mais la validité de cette expropriation partielle dépendra de cette question de fait : le fonds dotal (les autres fonds limitrophes étant d'ailleurs accessibles) était-il en réalité le plus court chemin entre le fonds enclavé et la voie publique (art. 683) (1).

Un bail excédant la durée fixée par les articles 1429 et 1430 du code Napoléon, doit être considéré comme un acte d'aliénation pour le temps qui dépasse cette limite (2). De même on ne pourrait concéder l'ouverture d'une carrière ou d'une mine sur le fonds dotal.

Ferons-nous rentrer dans la prohibition d'aliéner, de l'art. 1554, certains actes qui ne sont, à proprement parler, ni des actes d'administration, ni des actes ordinaires d'aliénation : la transaction, le compromis, l'acquiescement, le désistement?

Et d'abord les époux peuvent-ils valablement transiger sur les biens dotaux? *Qui transigit, alienat*, dit un vieil adage qui ne fait que résumer la doctrine du droit romain sur ce point (3). Nos vieux auteurs ne sont point aussi absolus dans leur décision; d'après eux la transaction n'a le caractère d'aliénation que dans le cas où une dépossession en est la conséquence; mais non dans le cas où la chose litigieuse reste au pouvoir de celui qui en est possesseur moyennant une somme à payer ou une chose à livrer par ce dernier. D'Argentré disait : *alienare videtur*

(1) Arrêts : Pau, 11 août 1843. — Cassat., rejet, 20 janvier 1847.
(2) Rodière et Pont, t. II, n° 487. — Odier, t. III, n° 1247.
(3) Loi 4, au code, liv. 5, t. 71. — Loi 1, § 9, t. V, liv. 38.

qui de re immobili transigit rem dimittendo (1). De là on tirait cette conclusion que le mari transigeait valablement sur le fonds dotal, lorsque la possession de ce fonds par l'effet de la transaction était conservée à la femme : *maritus potest transigere de re dotali retinendo, non alienando, exemplo tutoris, curatoris et aliorum administratorum* (2).

Devons-nous encore aujourd'hui admettre cette distinction? Cela paraît difficile en présence de l'art. 2045. « Pour transiger, dit cet article, il faut avoir la capacité « de disposer des objets compris dans la transaction. » Or, le fonds dotal est inaliénable. Si, dans certains cas, il peut néanmoins être aliéné, ces exceptions sont limitativement déterminées par la loi, et la transaction n'y est pas comprise. Aussi un auteur décide-t-il que, dans tous les cas, la transaction sera nulle (3).

Mais il y a des cas où la transaction sera d'une utilité telle que la prohibition de transiger, si elle était maintenue, entraînerait d'immenses inconvénients. Car il est facile de prévoir des hypothèses dans lesquelles, pour obtenir un succès incertain, les époux seraient obligés de s'exposer à des procès dispendieux et de longue durée. Dans ces hypothèses, la transaction est permise au tuteur, moyennant certaines formalités énumérées dans l'art. 467. Elle est permise aux administrateurs des établissements publics et des communes. Il faut donc aussi la permettre quand il s'agit d'une femme dotale. Cette décision se fonde sur un motif puissant d'utilité. Mais nous ne pouvons admettre,

(1) *Cout. de Bretagne,* art. 419, glose, 2, n° 12.
(2) Favre.
(3) Tessier, *De la dot,* t. 1, p. 369.

comme M. Troplong et plusieurs arrêts, que la transaction puisse être valable dans ces hypothèses, même au cas où elle entraînerait une dépossession de l'immeuble en litige (1).

Après la transaction, venons au compromis. La femme peut-elle compromettre sur des contestations relatives à la propriété de ses biens dotaux? Évidemment, non. Aux termes de l'art. 1004 du code de procédure civile, on ne peut compromettre sur aucune des contestations sujettes à communication au ministère public; or, d'après l'art. 83, § 6 du même code, sont sujettes à communication : les causes des femmes, lorsqu'il s'agit de leur dot et qu'elles sont mariées sous le régime dotal.

Le mari peut-il seul, ou avec le concours de sa femme, acquiescer à une demande qui a pour résultat d'amoindrir la dot? La négative, ici encore, doit être adoptée. Si on permettait, en effet, l'acquiescement, on ouvrirait la porte à une foule d'abus, et l'aliénation se ferait sous le faux semblant de l'acquiescement. L'acquiescement est d'ailleurs infiniment plus préjudiciable que la transaction, puisque, par l'acquiescement, on abandonne tout, tandis que par la transaction on obtient au moins quelque chose. Cependant, peut-être devrait-on tenir compte ici des circonstances et ne pas soumettre la femme d'une manière absolue à la nécessité de soutenir un procès dont la réussite serait plus que douteuse.

Cette décision, nous la donnerons aussi pour le désistement portant sur le fonds du droit. Ce désistement, en effet, n'est qu'une espèce d'acquiescement.

C'est une question très-grave et très-controversée que celle de savoir si le mari peut procéder sans le concours

(1) Troplong, nº 3127. — Limoges, 10 mars 1836.

de sa femme à un partage définitif dans lequel la dot est intéressée. Le sujet que nous traitons dans cette thèse ne nous permet pas de discuter cette question, qui rentrerait dans un travail sur l'administration du mari relativement aux biens dotaux, mais qui est étrangère à l'inaliénabilité de la dot. En nous fondant sur les termes de l'art. 818 du code, nous croyons que, pour que le partage soit un partage définitif, il faut que le mari ait agi avec le concours de sa femme. Mais, étant donnée cette solution, s'élève la question suivante qui rentre dans notre matière : ce partage peut-il être fait à l'amiable, ou bien la justice doit-elle intervenir? La question est très-controversée.

Pour décider que le partage ne peut être fait à l'amiable, on raisonne ainsi : L'art. 883 du code Napoléon pose sans doute cette grande règle, que le partage est, non pas translatif, mais déclaratif de propriété. Mais ce n'est là qu'une fiction. En réalité, il est incontestable que le partage est translatif de propriété et qu'il est un acte d'aliénation ; aussi la loi soumet-elle à des formalités spéciales les partages dans lesquels sont intéressés des mineurs et des interdits (art. 465, 817, 818, 838). Si dans ces articles elle passe sous silence la femme dotale, c'est qu'à l'époque où les rédacteurs écrivaient le titre des Successions, ils ne savaient point encore s'ils conserveraient le régime dotal ; ils n'étaient d'accord que sur un point : supprimer l'inaliénabilité du fonds dotal. Cette inaliénabilité a cependant été maintenue et, par là, le législateur, à la catégorie des personnes incapables de faire un partage amiable, a nécessairement ajouté la femme dotale. La pensée de la loi est, au reste, clairement écrite dans le dernier alinéa de l'art. 1558, qui n'autorise les époux à liciter l'immeuble dotal indivis et impartageable qu'avec l'observation des formalités de justice (1).

Quelques auteurs, et la jurisprudence, ont avec raison rejeté cette doctrine. En effet, l'art. 819 du code Napoléon n'excepte point les femmes mariées sous le régime dotal du droit accordé à tous les héritiers majeurs de procéder au partage dans la forme et par tel acte que les parties intéressées jugent convenable. L'art. 838, plus explicite, n'oblige à faire le partage en justice que dans le cas où tous les cohéritiers ne sont pas présents, et dans celui où il y a parmi eux des interdits ou des mineurs. — Mais, dit-on, cette omission de la femme dotale se comprend, puisqu'on ne savait pas encore si nos lois consacreraient le régime dotal... — Cette objection tombe devant cette seule considération, que le code de procédure postérieur au code Napoléon garde le même silence. — Obliger la femme à recourir à des formalités de partage dont la trace n'existe nulle part, formalités dispendieuses, ce serait donc ajouter encore aux difficultés déjà si grandes du régime dotal. L'art. 1558 *in fine* ne permet pas, il est vrai, la licitation amiable. Mais pourquoi? parce que dans une licitation l'adjudication peut être prononcée au profit d'un étranger. La disposition finale de l'art. 1558 ne se réfère d'ailleurs qu'à la licitation d'où on peut légitimement conclure par *a contrario* que le partage n'est point assujetti aux mêmes formalités (2).

De ce que l'immeuble dotal est inaliénable, il faut encore conclure que la femme ne peut pas renoncer, au profit

(1) Rodière et Pont, t. II, p. 569. — Tessier, *De la dot*, t. I, p. 412.

(2) Troplong, n° 3112. — Cassat., req. 29 janvier 1838. — Bordeaux, 11 février 1836. — Rouen, 4 décembre 1838. — Caen, 9 mars 1839.

d'un créancier de son mari, à l'hypothèque légale qui garantit la conservation et la restitution de sa dot immobilière. Elle ne peut pas non plus la céder. Il est possible, en effet, que la femme dotale ait des répétitions à exercer contre son mari au sujet de ses immeubles dotaux, par exemple, si le mari a détérioré le fonds dotal ou a négligé d'interrompre une prescription commencée avant le mariage. Dans ces différents cas, l'obligation du mari est garantie par une hypothèque légale, à laquelle la femme pourrait renoncer, sans doute, sous tout autre régime, mais ne peut renoncer sous le régime dotal. Il n'y a point de différence, en effet, entre aliéner ses biens dotaux ou renoncer à la privation de toute garantie. C'est d'ailleurs évidemment à cette idée que se réfère la loi du 23 mars 1855, lorsqu'elle dit au commencement de son art. 9 : « Dans les cas où les femmes peuvent céder leur hypo-« thèque légale ou y renoncer, cette cession ou renoncia-« tion doit être faite par acte authentique... (1).

On pourrait soutenir cependant que la renonciation à l'hypothèque légale faite par la femme dotale est valable toutes les fois que sa dot n'en éprouve pas de préjudice (2).

Les obligations personnelles contractées par le mari ne peuvent être poursuivies par ses créanciers sur les immeubles dotaux de sa femme; il ne peut y avoir aucun doute à cet égard. Mais ce qu'il importe d'étudier, ce sont les effets de la règle de l'inaliénabilité en ce qui concerne les obligations personnelles contractées par la femme dotale : l'*insaisissabilité* de la dot.

(1) Paris, 10 août 1831, 26 août 1820; req., 18 février 1851, req., 1er décembre 1851.

(2) Cassat., 20 avril 1826.

Quant aux obligations contractées par la femme dotale avant le mariage, nous étudierons leurs effets sous l'article 1558, au chapitre des exceptions à la règle de l'inaliénabilité du fonds dotal.

Quant aux obligations contractées après la dissolution du mariage, on peut en poursuivre l'exécution sur tous les biens de la femme. En effet, au moment où elles sont contractées, il n'y a plus de mariage, partant plus de dotalité.

Supposons donc que la femme s'est obligée *durante matrimonio ;* ses créanciers peuvent-ils poursuivre sur le fonds dotal l'exécution de son obligation? peuvent-ils le saisir?

Il est incontestable que la femme dotale qui s'oblige avec l'autorisation de son mari ou de justice s'oblige valablement, que l'exécution de son obligation peut être poursuivie sur ses paraphernaux; mais il est incontestable aussi qu'elle ne peut être poursuivie, pendant le mariage, sur ses biens dotaux. Si la femme, en effet, pouvait, en s'obligeant pendant le mariage, transférer à ses créanciers le droit de saisir son immeuble pour se faire payer sur le prix, rien ne serait plus facile que d'éluder le principe de l'inaliénabilité de la dot. Il est impossible, d'ailleurs, que les créanciers puissent vendre ce que la femme elle-même ne peut pas vendre. En effet, le créancier qui saisit et vend ne fait qu'exercer le droit que son débiteur pourrait exercer lui-même; or, ce droit n'appartient pas à la femme dotale.

Mais l'exécution des obligations contractées par la femme dotale peut-elle être poursuivie après le mariage sur les biens dotaux? Cette question est délicate; arrêtons-nous y quelques instants, bien qu'elle n'ait plus, à proprement parler, aujourd'hui, qu'un intérêt historique. Le concert presque unanime des auteurs et l'imposante autorité de plus de cinquante arrêts de la Cour de cassation et de cours impériales nous portent à croire que cette question est irrévocablement tranchée dans le sens de la négative. Mais un illustre jurisconsulte, M. Troplong (1), étant, il y a quelques années, descendu de nouveau dans l'arène, et ayant vivement combattu cette doctrine, nous croyons utile d'examiner rapidement les arguments de l'un et de l'autre système.

Le savant jurisconsulte, après avoir rappelé que la femme dotale peut valablement s'obliger avec l'autorisation de son mari et être poursuivie relativement à cette obligation sur ses paraphernaux, fait le raisonnement suivant : Si c'est au moment où on contracte une obligation que doit être examinée la validité de cette obligation, on doit nécessairement convenir que c'est au moment où le créancier poursuit l'exécution qu'il faut examiner si le bien sur lequel il veut se faire payer est, oui ou non, saisissable; or, la dissolution du mariage fait cesser la dotalité, partant l'inaliénabilité, partant l'insaisissabilité; donc l'obligation de la femme dotale contractée valablement pendant le mariage peut être poursuivie, après la dissolution du mariage et la cessation de l'inaliénabilité, sur le fonds dotal désormais libre aux mains de la femme. Qui s'oblige, oblige tous ses biens.

Mais on a répondu avec beaucoup de raison (2) que ce n'est point sur ces principes (d'ailleurs incontestables)

(1) Troplong, *Contr. de mar.*, t. IV, nos 3263-3312. — *Junge :* Toullier, t. XIV, p. 334.

(2) *V.* le très-remarquable article de M. Labbé, professeur suppléant à la faculté de Paris. (*Revue critique*, t. IX, p. 1.)

qu'il faut s'appuyer pour trouver la solution de cette question; mais qu'il faut rechercher quel est le but de l'inaliénalité du fonds dotal.

Or, quel est ce but? Nous l'avons vu, c'est la protection du patrimoine de la femme contre sa faiblesse et son inexpérience : *Ne uxor fragilitate naturæ suæ in repentinam deducatur inopiam,* disait l'empereur Justinien. Nous avons vu que M. Siméon s'exprimait à peu près dans les mêmes termes au Corps législatif.

Oui, la femme dotale autorisée de son mari s'oblige valablement. Et cependant l'immeuble dotal échappe pendant le mariage à la poursuite du créancier. Pourquoi donc? Est-ce parce qu'il est insaisissable? Mais non, puisqu'il peut être saisi pour les obligations que la femme a contractées antérieurement au mariage (art. 1558) ; puisqu'il peut être saisi pour délits de la femme. Si donc l'immeuble dotal échappe à la poursuite du créancier, c'est parce que la femme, au moment où elle a contracté, était femme mariée, partant était sous l'influence de son mari, partant était faible; qu'il y avait un motif d'ordre public à ce que les biens dotaux fussent placés à l'abri des dilapidations du mari et des complaisances trop souvent irréfléchies de la femme.

Or, quel changement amènera la dissolution du mariage? Cette dissolution fera-t-elle qu'au moment où l'obligation était contractée, la femme n'ait pas été faible, n'ait pas été sous l'influence de son mari. Est-il moins vrai alors que la femme a été, au moment de l'obligation, incapable de conférer le droit de saisie, de s'obliger en tant que l'exécution de l'obligation pût être poursuivie sur ses biens dotaux? Non, évidemment.

Que dirait-on de la vente du fonds dotal, consentie par la femme, pendant la durée du mariage, avec cette clause que l'exécution de la vente n'aura lieu qu'à sa dissolution? On répondrait que cette vente est de nul effet. Eh bien! il y a la plus complète analogie entre la vente faite sous cette clause et l'obligation contractée par la femme pendant le mariage; car, en s'obligeant ainsi, elle aurait en réalité conféré à son créancier un droit virtuel à saisir plus tard l'immeuble dotal. Le sacrifice de cet immeuble ne serait plus qu'une question de temps. Patience! dirait la femme à son créancier. Voilà le jour de la dissolution de mon mariage qui approche, et mes immeubles, alors affranchis de la dotalité, deviendront votre gage. Elle aurait enfin aliéné indirectement, alors que la loi lui défend, de la façon la plus formelle, l'aliénation directe.

Il faut donc dire que l'obligation contractée pendant le mariage par la femme dotale est nulle relativement aux biens dotaux, et que cette nullité peut être invoquée même après la dissolution du mariage.

Au reste, nous le répétons en terminant, cette question paraît aujourd'hui définitivement tranchée. On ne trouverait pas en France une cour impériale qui osât donner une solution autre que celle que nous avons proposée. Aussi M. Troplong termine-t-il son examen de cette question par ces mots : « Nous sommes obligé de reconnaître « que, *dans l'état actuel des choses,* les obligations de la « femme contractées pendant le mariage ne peuvent pas « être exécutées sur le fonds dotal immobilier, même « après la dissolution du mariage (1). »

(1) Cassat., 26 août 1828.—Paris, 12 juin 1833.—Bordeaux, 2 mars 1833. —Riom, 2 février 1820, 26 avril 1827.—Cassat., req., 11 janvier 1831, etc.

Mais que faut-il décider au cas où la femme meurt et transmet sa dot à ses héritiers? Cette circonstance, que c'est pendant la durée du mariage que la femme dotale avait contracté l'obligation, mettra-t-elle obstacle à ce que son créancier en poursuive l'exécution sur le fonds qui avait été frappé de dotalité et qui est aujourd'hui aux mains de son héritier?

Cette question a donné lieu à des solutions bien différentes, même dans la jurisprudence.

Telle cour a décidé que la dot rentre dans la loi commune et devient saisissable (1). Telle autre veut qu'on distingue entre les héritiers descendants et les héritiers collatéraux : les premiers seuls pourront invoquer l'inaliénabilité, cette inaliénabilité ayant existé surtout dans leur intérêt (2). Une troisième distingue selon que les héritiers ont accepté purement et simplement ou sous bénéfice d'inventaire (3). Enfin la cour de Paris, dans un arrêt plus récent qui fit sensation, décide que si l'héritier vend l'immeuble, le prix est saisissable, les écus n'ayant pas été subrogés par la loi à la chose vendue et par conséquent ne pouvant être affectés des suites de l'inaliénabilité (4).

Toutes ces distinctions sont arbitraires.

Faut-il, oui ou non, mettre sur la même ligne la femme ou ses héritiers? Là est la question.

« Or, dit M. Marcadé, de deux choses l'une : ou l'enga-
« gement de la femme est inefficace comme contraire au
« principe de l'inaliénabilité, et alors il ne peut pas plus

(1) Toulouse, 29 novembre 1834.
(2) Paris, 12 juin 1833.
(3) Caen, 10 janvier 1842.
(4) Paris, 9 juin 1836.

« s'exécuter contre les héritiers que contre la femme, « puisque ce principe est aussi bien posé pour ceux-là « que pour celle-ci (comme le prouve, du reste, l'ar- « ticle 1560 qui déclare que, quand le fonds dotal est in- « dûment aliéné, la femme ou ses héritiers peuvent faire « révoquer l'aliénation); ou cet engagement n'a rien de « contraire à l'inaliénabilité, et dès lors il peut s'exécuter « contre la femme aussi bien que contre les héritiers. La « femme et ses héritiers, c'est tout un..... (1) »

Une troisième question nous reste à examiner : les engagements, valablement contractés par la femme dotale pendant le mariage, peuvent-ils être poursuivis sur les biens qui n'arrivent à la femme qu'après la dissolution du mariage?

L'affirmative n'est pas douteuse. En effet, qu'est-ce que la dot? L'article 1540 nous dit que c'est le bien qui est apporté au mari pour supporter les charges du mariage; et au moment où les biens entrent dans le patrimoine de la femme, nous supposons le mariage dissous; il n'y a plus de mariage, il n'y a donc plus de dotalité. Aussi il nous est impossible de comprendre comment la cour de Caen, dont les décisions sont ordinairement si sûres, abandonnant sa jurisprudence, a pu décider, dans son arrêt du 9 juillet 1840, que l'inaliénabilité s'étendait même à ces biens. La Cour suprême, le 7 décembre 1842, a cassé cet arrêt de la cour de Caen (2).

(1) Marcadé, t. VI, p. 61.
(2) Cassat., 7 déc. 1842. — *Junge* : Caen, 26 juin 1835.

SECTION V.

Influence du principe de l'inaliénabilité du fonds dotal sur les fruits des biens dotaux.

Il nous reste, pour terminer cette matière, à étudier l'influence du principe de l'inaliénabilité du fonds dotal sur les fruits des biens dotaux. Cette question est d'une application si fréquente, elle met en jeu des intérêts si considérables, elle présente de si nombreuses difficultés, que, pour la traiter complétement, il faudrait lui donner des développements très-étendus. Les bornes restreintes d'une thèse ne nous permettront que d'insister sur les principes généraux et sur les points les plus graves.

Le régime dotal accorde à la femme des garanties excessives, il était donc juste de donner au mari une compensation. Cette compensation, il la trouve dans un droit de propriété qui lui est accordé par la loi sur les fruits et revenus des biens dotaux. Ces fruits lui appartiennent exclusivement. Il peut les dépenser comme il l'entend; les dissiper ou les employer à l'acquisition de biens qui resteront sa propriété exclusive. Son droit est un droit d'usufruit, comme le dit très-bien l'art. 1562, et ce droit lui impose toutes les charges ordinaires de la jouissance, et, de plus, l'obligation particulière de subvenir aux besoins du ménage. « La dot, dit l'art. 1540, est le bien qui est apporté au mari pour supporter les charges du mariage. »

Mais cet usufruit du mari diffère essentiellement de l'usufruit ordinaire, et ressemble plutôt au droit de jouissance des père et mère. Le mari ne peut en effet l'aliéner ni directement, ni indirectement.

Propriétaire des fruits de la dot, le mari peut-il les engager par ses obligations ?

Il ne peut y avoir aucune difficulté au cas où il a contracté pour les besoins de l'administration, par exemple au cas où son obligation a pour objet des réparations d'entretien. Il est juste alors que les créanciers non payés puissent saisir les fruits, en partie du moins, ces fruits étant destinés à supporter les charges de jouissance. C'est un point incontestable. Les ouvriers non payés diraient : le mari devait appliquer une partie des revenus aux besoins du ménage, une autre aux dépenses d'entretien ; cette seconde application des revenus, il ne veut pas la faire ; qu'il nous soit donc permis de la faire en son lieu et place.

Supposons donc maintenant que le mari a contracté des obligations tout à fait étrangères à l'entretien des biens ; il a emprunté, par exemple, pour faire un voyage d'agrément ; l'exécution de son obligation pourra-t-elle être poursuivie sur les fruits des biens dotaux ?

« Le créancier du mari pourra saisir la totalité de ces fruits et revenus, répond M. Troplong ; le mari n'est-il pas en effet propriétaire absolu de ces fruits ? S'il résulte de cette action des créanciers des embarras pour le ménage, la femme n'a-t-elle pas une dernière ressource, un *ultimum subsidium :* la séparation de biens ? (1) »

Cette opinion du savant jurisconsulte est inadmissible ; aussi est-elle unanimement repoussée par la doctrine et la jurisprudence.

Oh ! sans doute, les fruits et revenus en principe ne sont point inaliénables : leur destination n'est-elle pas

(1) *Contr. de mar.*, t. IV, n° 3288 à 3292.

d'être aliénés pour les besoins du ménage? Mais sont-ils aliénables d'une façon absolue? C'est ce que nient avec beaucoup de raison la doctrine et la jurisprudence. Quelle est, en effet, la destination de ces revenus? l'entretien du ménage. Le droit d'aliéner les fruits dotaux doit donc trouver sa limite dans cette destination. Il faut donc, prenant les revenus des biens dotaux, en faire deux parts : l'une, nécessaire aux besoins et à l'entretien du ménage, et qui participera de l'inaliénabilité du fonds lui-même, l'autre qui se compose du superflu, que le mari peut aliéner à son gré, que ses créanciers peuvent saisir.

Et c'est justice! L'inaliénabilité du fonds dotal n'a-t-elle pas été établie en principe pour assurer contre toutes les éventualités la subsistance de la femme et des enfants? Or, quelle utilité retireraient-ils d'un bien dont les revenus seraient frappés de saisie au fur et à mesure de leur entrée dans le patrimoine du mari? Faudrait-il donc recourir à la justice et lui demander l'autorisation de vendre l'immeuble afin de se procurer des aliments (art. 1558)? Non, en déclarant le fonds dotal inaliénable, le législateur n'a pas pu vouloir réduire les époux à cette dure extrémité ; il a par là même frappé d'inaliénabilité une portion des revenus : la portion nécessaire aux besoins et à l'entretien du ménage.

Que la femme, dit M. Troplong, demande la séparation de biens! Mais qui ne voit qu'à proprement parler cette réponse n'en est pas une ; car si nous supposons que cette femme, elle aussi, ait des créanciers, les revenus des biens dotaux qui n'auraient pas pu échapper, même pour partie, à l'action des créanciers du mari, ne pourront échapper davantage à l'action des créanciers de la femme, et le but de l'inaliénabilité sera manqué. La séparation ne ferait donc que déplacer sans l'amoindrir le danger que la loi a entendu prévenir (1).

L'évaluation de cette portion des revenus, ainsi frappée d'inaliénabilité, appartient à la justice. Les tribunaux diront par exemple au mari : le revenu des biens que votre femme vous a apportés en dot est de 30,000 fr.; vous dépensez annuellement pour les charges du ménage 25,000 fr., restent 5,000 fr. que vos créanciers pourront saisir. C'est, en un mot, une pure question d'appréciation.

Nous avons vu que la femme dotale peut valablement s'obliger pendant le mariage avec l'autorisation de son mari. Ses obligations seront exécutoires sur ses paraphernaux; mais elles ne pourront être poursuivies sur les fruits des biens dotaux, car ces fruits appartiennent au mari, et on ne peut exécuter sur les biens du mari les obligations de la femme.

Supposons maintenant que la femme dotale a demandé et obtenu la séparation de biens soit principale, soit accessoire de la séparation de corps, l'usufruit du mari cesse alors, et la femme reprend la jouissance des biens frappés de dotalité. Ces biens, nous l'avons vu, n'en continuent pas moins d'être inaliénables. Mais quelle est l'influence de la séparation de biens sur les fruits et revenus des biens dotaux? Les créanciers de la femme séparée pourront-ils les saisir?

La doctrine (2) et la jurisprudence (3) s'accordent à dire

(1) Arrêts : Paris, 14 février 1839 ; rejet, 26 janvier 1834.—Caen, 18 décembre 1837 ; rejet, 6 janvier 1840, etc. (V. Dalloz, 1851, 1, p. 83, note.

(2) Troplong, n° 3310.

(3) Cassat., Req., 26 février 1834. — rejet, 6 janvier 1840. — Lyon, 4 juin 1841.

que les créanciers de la femme ne pourront saisir la portion de revenus nécessaire aux besoins du ménage, et cela sans qu'il soit nécessaire de distinguer si les créanciers de la femme sont antérieurs ou postérieurs à la séparation. Tant que l'inaliénabilité frappe le fonds dotal (et l'inaliénabilité subsiste après la séparation de biens), cette inaliénabilité doit s'étendre à une portion des revenus. Il y a une corrélation parfaitement logique entre cette théorie et celle qui la précède; car, sous le régime dotal, la séparation de biens ne produit qu'un effet : elle substitue l'administration et la jouissance de la femme à l'administration et à la jouissance du mari (1).

Faut-il suivre la même doctrine en ce qui concerne la portion de fruits non nécessaire aux besoins du ménage? En ce qui touche l'exécution, sur ce superflu, des engagements contractés par la femme, la Cour de cassation distingue si ces engagements sont antérieurs ou postérieurs au jugement de séparation, et elle décide que la saisie, parfaitement permise pour les seconds, est inadmissible pour les premiers (2).

Cette distinction doit être rejetée.

Les créanciers de la femme, postérieurs à la séparation, peuvent saisir le superflu des fruits et revenus, et il n'y a là rien que de très-rationnel et de très-équitable. Ce superflu n'était-il pas libre, en effet, aux mains du mari? Ne pouvait-il pas déjà être saisi par les créanciers du mari? Après la séparation, il doit donc être libre aux mains de la

(1) Nous trouverons plus tard un second effet de la séparation de biens; elle rend le fonds dotal prescriptible. (Art. 1561.)

(2) Cassat., 9 avril 1823; rejet, 26 février 1834; rejet, 3 juin 1839. — Cassat., 4 novembre 1846; rejet, 12 août 1847.

femme; et devenir le gage de ses créanciers postérieurs à cette séparation. Il n'y a même pas lieu de distinguer, comme l'ont voulu faire plusieurs arrêts (1), si les engagements de la femme sont relatifs ou non à l'administration des biens dotaux (2).

Mais (et c'est ici où nous repoussons énergiquement la doctrine de la jurisprudence), nous pensons que les engagements de la femme, antérieurs à la séparation, peuvent, aussi bien que les engagements postérieurs, être poursuivis après cette séparation sur la portion de revenus qui excède les besoins du ménage.

Sur quoi donc s'appuie la jurisprudence? Les fruits et revenus échus depuis la séparation de biens participent de l'inaliénabilité du fonds lui-même, dit la Cour de cassation; or, l'exécution des obligations contractées par la femme antérieurement à la séparation ne peut avoir lieu sur le fonds dotal; elle ne peut donc avoir lieu sur les fruits et revenus.

Mais qui ne voit qu'il y a dans ce système de la jurisprudence une contradiction réelle? Eh quoi! la jurisprudence décide que les fruits et revenus participent de l'inaliénabilité du fonds qui les produit, et c'est cette même jurisprudence qui tout-à-l'heure déclarait que le superflu de ces revenus est aliénable pour les obligations de la femme postérieures à la séparation!

Qui ne voit, d'ailleurs, qu'il y a là une exagération manifeste du principe de l'inaliénabilité? Les fruits de la dot sont inaliénables comme le fonds même, dit la jurisprudence! Or, ce point de départ de son argumentation est

(1) Grenoble, 13 décembre 1831. — Pau, 12 août 1824.
(2) Rouen, 14 mai 1828.

radicalement faux. Nous avons, ci-dessus, démontré que les fruits et revenus des biens dotaux sont nécessairement aliénables. Si nous avons décidé avec la doctrine et la jurisprudence qu'une portion de ces fruits sera frappée d'inaliénabilité, cette inaliénabilité n'est que relative, purement subordonnée à la destination de ces fruits. Aussi, comme le dit excellemment M. Troplong, n'y a-t-il là à l'égard des fruits qu'une destination obligée et non une inaliénabilité radicale (1).

Qui ne voit enfin que, dans le système de la jurisprudence, il y a une violation flagrante du principe de l'art. 2092 du code Napoléon. Aux termes de cet article, toute personne valablement obligée est tenue sur tous les biens libres qui lui appartiennent, présents ou à venir ; or, la femme est valablement obligée, et il s'agit ici du superflu de son revenu, c'est-à-dire d'un bien qui entre libre dans son patrimoine et qui doit être assimilé à ses paraphernaux. Il faut donc décider que les créanciers de la femme antérieurs à la séparation pourront se faire payer sur ce superflu.

Ajoutons enfin que la doctrine de la Cour de cassation aboutit à ce résultat que la femme peut employer en frivolités le superflu de ses revenus et ne peut l'employer à payer ses dettes : résultat illogique et peu moral, qui seul suffit pour condamner son système.

Nous venons de supposer que l'administration et la jouissance des biens dotaux ont été rendues à la femme à la suite d'une séparation de biens, il nous reste à prévoir le cas de la dissolution du mariage. Il est évident qu'alors les revenus de la dot sont saisissables pour les obligations

(1) Troplong, *Contr. de mar.*, n° 3303.

postérieures à cette dissolution. Mais pourront-ils être saisis à raison des engagements contractés par la femme pendant le mariage ? Là est la question. Mais ayant refusé à la femme le pouvoir de conférer valablement à son créancier pendant le mariage un droit virtuel à saisir plus tard le fonds dotal, nous devons, pour être logique, donner ici la même décision par rapport aux revenus (1).

Y a-t-il lieu de distinguer ici si la portion de revenus que les créanciers veulent saisir excède ou non les besoins de la veuve ou de ses enfants? Nous croyons cette distinction équitable et rationnelle. Deux arrêts ont eu à se prononcer sur ce point : l'un décide que la portion superflue est insaisissable (2), l'autre qu'il n'y a d'insaisissable que la portion nécessaire (3).

(1) Cassat., 26 août 1828, 1er décembre 1831 ; Paris, 26 août 1846.

(2) Agen, 31 décembre 1834.

(3) Paris, 7 mars 1851.

CHAPITRE III.

DE LA CONDITION DE LA DOT MOBILIÈRE EN DROIT FRANÇAIS.

C'est en tremblant (qu'il nous soit permis de le dire) que nous abordons cette grande question de la condition de la dot mobilière en droit français. Cette question est si considérable, elle engage de si grands intérêts, elle s'est présentée si fréquemment dans la pratique, elle a eu le privilége de passionner à un si haut degré les esprits, elle a été exposée dans des travaux si remarquables et elle a donné lieu à des opinions si divergentes, qu'il nous faut un certain courage pour oser à notre tour descendre dans l'arène et prendre fait et cause pour un parti. Mais comme nous traitons de l'inaliénabilité de la dot, et comme c'est un devoir pour nous d'examiner cette importante matière sous toutes ses faces, ce devoir nous l'accomplirons jusqu'au bout. Peut-être froisserons-nous quelques opinions? Peut-être aurons-nous besoin de faire taire en nous, momentanément du moins, l'écho d'éloquentes leçons dont le souvenir sera toujours présent à notre mémoire? Nous allons embrasser et défendre un système que l'École et la doctrine repoussent généralement « système hérétique (1) » : système qu'un savant auteur, dans un style éloquent, mais acerbe, a affirmé ne plus pouvoir être soutenu que « par ces esprits pour qui la raison du plus fort

(1) Marcadé, *Revue critique*, t. II, p. 298.

« est toujours la meilleure, et qui trouvent plus commode « de se soumettre à de mauvais arrêts que de les com- « battre (1). » Mais nous espérons du moins qu'on nous rendra cette justice, que nous aurons toujours discuté avec calme et modération. Non, nous n'aimons pas le régime dotal ! Non, nous ne sommes pas « ultradotaliste (2)! » Mais étant donné le régime dotal, nous voulons en accepter toutes les conséquences, telles que les conçoit notre raison. Qu'on veuille donc bien nous permettre d'exposer ici librement nos convictions.

Quel est donc l'intérêt de cette question, et quelles seront les conséquences de l'aliénabilité ou de l'inaliénabilité de la dot mobilière?

Comme on l'a très-judicieusement remarqué, cette expression *dot mobilière* a deux sens bien distincts :

Dans un premier sens, elle comprend soit une dot constituée au mari en quasi-usufruit, c'est-à-dire une dot consistant en argent, denrées, choses fongibles, qui se consomment par le premier usage. Et peu importe que le mari ait conservé les écus qui ont été donnés en dot, ou qu'il les ait employés à l'acquisition d'un immeuble (le contrat de mariage ne contenant d'ailleurs aucune clause d'emploi) ; dans les deux cas, ce qui reste dotal, c'est une somme d'argent. Le mot *dot mobilière*, dans ce premier sens, comprend encore les meubles estimés avec ou sans la déclaration que l'estimation vaut vente ; les immeubles estimés avec la déclaration que l'estimation vaut vente (art. 1551, 1552).

Le quasi-usufruit emporte la propriété. Or, dans tous

(1) Marcadé, *loc. cit.*
(2) M. Troplong.

les cas que nous venons d'énumérer, le mari, qui est quasi-usufruitier, est devenu par là même propriétaire des écus, des denrées, des meubles estimés, des immeubles estimés avec déclaration que l'estimation vaut vente. Donc, dans tous ces cas, point de question possible. Le mari est propriétaire, et tout propriétaire peut disposer des choses dont il a la propriété. La femme lui a-t-elle apporté 100,000 francs en dot, ces 100,000 francs lui appartiennent; il peut les dissiper; il peut aussi les employer à l'acquisition d'un immeuble; mais cet immeuble sera sa propriété exclusive, car, lorsque la dot a été constituée en argent, les risques sont pour le mari, débiteur d'un genre, et le mari ne peut, par un simple acte de sa volonté, déplacer les risques (art. 1553).

Mais, pour la restitution de sa dot, consistant en écus, en denrées, en meubles estimés, etc., etc., la femme a une créance contre son mari, et, pour garantir l'exercice de cette créance, elle a une hypothèque légale sur les biens de son mari; elle ne peut, nous l'avons vu, renoncer à l'hypothèque légale qui assure la conservation et la restitution de ses immeubles dotaux, car la prohibition d'aliéner comprend tout aussi bien l'aliénation indirecte que l'aliénation directe; mais peut-elle céder sa créance contre son mari, en ce qui concerne sa dot mobilière? Peut-elle renoncer à l'hypothèque légale qui assure la restitution de sa dot mobilière? Y a-t-il aliénabilité de cette garantie qu'elle possède sur les biens de son mari? Peut-elle, pendant le mariage, affecter cette dot par des obligations contractées avec autorisation de son mari? Enfin, à la dissolution du mariage, la dot mobilière, en rentrant dans le patrimoine de la femme, sera-t-elle immédiatement frappée par les obligations qu'elle aura contractées pendant le mariage (art. 2092)? Toutes ces questions se présentent naturellement à l'esprit.

Le mot *dot mobilière* a un second sens. Dans ce second sens, il ne s'agit plus d'un quasi-usufruit, transportant la propriété des objets des mains de la femme aux mains du mari; il s'agit d'un usufruit proprement dit (art. 1550, 1562), auquel vient se joindre un droit d'administration. La femme apporte en dot des meubles dont elle reste propriétaire, c'est-à-dire des meubles non estimés (art. 1551) ou des meubles estimés avec déclaration que l'estimation n'en fait pas vente (art. 1551), ou des créances mobilières. Qu'adviendra-t-il de ces meubles et de ces créances? La femme pourra-t-elle en disposer? Le mari pourra-t-il en disposer? La femme pourra-t-elle renoncer à l'hypothèque légale qui garantit la restitution de ces meubles ou de ces créances? Pourra-t-elle la céder. Peut-elle obliger sa dot mobilière par les obligations qu'elle contracte pendant le mariage? L'aliénation qu'elle fera de ses meubles à des tiers de bonne foi sera sans doute valable (art. 2279), mais que deviendra l'aliénation qu'elle aura consentie à des tiers de mauvaise foi? Que deviendra l'aliénation qu'elle aura faite à des tiers de bonne ou de mauvaise foi d'une créance dotale?

On voit combien toutes ces questions sont graves; on aperçoit aussi quelques-uns des dangers de l'inaliénabilité de la dot mobilière :

Si, en effet, nous déclarons la dot mobilière inaliénable, la femme dotale, qui n'a pas de paraphernaux, bien que sa dot se compose de meubles et d'immeubles, est radicalement incapable de consentir des sûretés à son créancier. Comment trouverait-elle un prêteur n'ayant pas de sûretés à lui fournir? Pas de sûretés, pas de crédit. — D'un autre côté, déclarer la dot mobilière inaliénable, c'est placer cette femme dans l'impossibilité la plus absolue de sauver son mari d'une ruine ou d'une faillite imminente. Une crise commerciale éclate. Le mari va être obligé de suspendre ses payements s'il ne trouve à l'instant 10,000, 20,000, 30,000 francs. Il court chez un banquier. Mais qui voudrait accepter l'hypothèque qu'il offre sur ses biens? Cette hypothèque ne sera-t-elle pas primée par l'hypothèque légale qui frappe les biens du mari comme garantie de la restitution de la dot mobilière de sa femme? Oh! si cette femme pouvait renoncer à son hypothèque, le mari serait sauvé, sa ruine n'aurait pas lieu, la faillite ne serait pas déclarée! Mais la ruine du mari sera consommée parce que la dot mobilière est inaliénable.

Déclarer la dot mobilière inaliénable, c'est donc tuer le crédit de la femme; c'est aussi la mettre dans l'impossibilité de se dévouer pour son mari.

Trois systèmes se sont produits sur cette grande question.

Premier Système. — Dans un premier système, on considère la dot mobilière comme absolument inaliénable, en dehors toutefois des droits et des devoirs qu'impose au mari une large administration.

Le mari est usufruitier de la dot, il en est aussi administrateur. Or, l'administration implique l'aliénation dans une certaine mesure; et, dans cette mesure, il peut disposer du mobilier. Mais s'il en dispose en dehors des limites qui lui sont tracées par sa qualité d'administrateur, la revendication sera possible dans tous les cas où il sera impossible d'appliquer la règle : *en fait de meubles, possession vaut titre* (art. 2279). Dans ce système, si, par exemple, la femme dotale a acheté avant son mariage un brevet de maître de poste, on permet au mari, administrateur de la dot, de vendre un cheval impropre au service ; mais on lui refuse de transporter le brevet à une autre personne.

Quant à la femme, elle ne peut, durant le mariage, se livrer à aucun acte de disposition de sa dot mobilière. Toute aliénation est nulle, sauf l'application de la règle : *en fait de meubles, possession vaut titre;* et cette nullité existe sans qu'il y ait à distinguer à quel titre elle a consenti cette aliénation, et quelle en a pu être l'utilité. Le mari est, en effet, seul administrateur de la dot (art. 1549), et les besoins de l'administration peuvent seuls justifier une aliénation.

La femme ne peut en aucun cas renoncer à son hypothèque légale, et renoncer aux sûretés qui garantissent la restitution de sa dot.

Enfin, dans ce système, on ajoute que l'inaliénabilité de la dot mobilière se prolonge même après la séparation de biens, quoique alors la femme reprenne la jouissance et l'administration de sa dot.

Ce système peut donc se résumer ainsi :

1° Les meubles corporels, bien que la propriété en soit restée à la femme, ne peuvent, pendant le mariage, être aliénés ou donnés en gage ni par le mari (en dehors des nécessités de l'administration), ni par la femme, ni par les deux époux conjointement, si ce n'est dans les cas d'exception des art. 1558, 1559. Si des meubles dotaux ont été aliénés en dehors des hypothèses de ces articles, ou des nécessités de l'administration, les époux sont admis à provoquer contre l'acheteur l'annulation de l'acte d'aliénation, tout comme s'il s'agissait d'immeubles dotaux, sauf l'application de la règle de l'art. 2279.

2° Les époux ne peuvent ni céder des créances dotales par voie de transport, ni les donner en nantissement. Les actes de transport ou de nantissement, qu'ils auraient consentis, seraient susceptibles d'être attaqués comme les actes d'aliénation ou d'engagement des meubles corporels; et ici l'art. 2279 ne s'appliquerait pas.

3° La faculté d'aliéner les immeubles dotaux, réservée dans le contrat de mariage, ne s'étend point aux meubles, si l'art. 1557 doit être entendu dans un sens restrictif.

4° La femme ne peut renoncer ni à sa créance contre son mari, ni à l'hypothèque légale qui garantit cette créance.

5° Les dettes contractées par la femme pendant le mariage, quoique contractées avec l'autorisation du mari, ne peuvent être poursuivies sur la dot mobilière pendant le mariage, ni après le mariage sur cette même dot mobilière restituée à la femme.

6° La femme qui, par suite de la séparation de biens, principale ou accessoire, a repris l'administration de sa dot, n'a point pour cela pouvoir d'aliéner les meubles corporels ou incorporels qui en dépendent, en dehors des nécessités de l'administration.

2e *Système.* Dans un second système, non moins absolu que le premier, on décide que la dot mobilière est aliénable.

Dans ce système, si on refuse à la femme le pouvoir d'aliéner, ce n'est pas parce que la dot mobilière est inaliénable; c'est parce qu'elle est réputée avoir donné à son mari mandat à cet effet. Mais, la séparation de biens faisant cesser ce mandat, la femme reprend la libre disposition de sa dot mobilière.

Quant au mari, il peut aliéner cette dot, non-seulement dans les limites d'une très-large administration, mais de la façon la plus absolue, et comme s'il en était véritablement propriétaire. Que la femme lui ait apporté en dot 100,000 fr. en rentes sur l'État, il peut les aliéner. La femme acquiert alors sans doute une créance contre son mari; mais elle peut valablement se dépouiller de cette créance. La loi, pour garantir l'exercice de cette créance, lui accorde une hypothèque légale sur les biens de son mari : elle peut valablement renoncer à cette hypothèque légale. Si elle ne peut pendant le mariage (en dehors de l'application de l'art. 2279) disposer valablement d'un objet mobilier, d'une créance par exemple, le seul obstacle qui s'oppose à la validité de cette aliénation, c'est le droit de jouissance et d'administration du mari. Exercer ce droit ce serait l'amoindrir; mais si la femme dotale contracte des obligations pendant le mariage, ces obligations seront exécutoires sur sa dot mobilière après la restitution de cette dot.

3e *Système.* Entre ces deux systèmes, extrêmes tous les deux, est venu se placer un troisième système qui est l'œuvre de la jurisprudence.

Mais, avant d'entrer dans l'explication et le développement de ce célèbre système, qu'on nous permette de dire qu'il est aujourd'hui passé à l'état d'article de foi. On ne trouverait pas en France une cour impériale qui osât revenir sur cette jurisprudence. La Cour de cassation elle-même s'est si souvent prononcée sur ce point que tout espoir de la voir changer de doctrine paraît désormais perdu.

Quel est donc le système de la Cour de cassation?

« On va depuis vingt-cinq ans répétant partout, dit « M. Marcadé (1), aux leçons de l'École comme aux plai- « doiries du palais, dans les ouvrages de doctrine comme « dans les considérants des arrêts, que l'inaliénabilité de la « dot mobilière, à tort ou à raison, est aujourd'hui un « principe généralement consacré par la jurisprudence. « Rien n'est cependant plus inexact que ce prétendu fait... » Il y a là une allégation mensongère en ce qui concerne l'École; mais ce qui est incontestable c'est qu'un grand nombre d'arrêts commencent par ces paroles : « La dot « mobilière est inaliénable aussi bien que la dot immobi- « lière (2). » Or cette formule, considérée isolément, est radicalement fausse, et n'exprime pas la véritable doctrine de la jurisprudence.

Jamais la jurisprudence n'a soutenu que la dot mobilière fût inaliénable comme la dot immobilière.

« Il est vrai, dit encore M. Marcadé, que les arrêts, soit « de la Cour suprême, soit des cours d'appel, s'expriment « à cet égard dans les termes les plus propres à induire en « erreur, et que partout ils donnent de la manière la plus « formelle à la dot mobilière la qualification d'inaliénable. « Mais cette qualification n'est qu'un terme impropre, « exprimant une idée tout autre que celle qu'il semble « exprimer, et quand on laisse de côté les mots pour con- « sidérer les choses, on voit qu'il ne s'agit là en aucune « façon de l'inaliénabilité des meubles dotaux. »

(1) Marcadé, t. VI, p. 48.

(2) Lyon, 11 décembre 1851. — Agen, 18 mai 1858, etc., etc.

D'où vient donc cette confusion étrange si propre à induire en erreur? Pourquoi cette inexactitude dans les termes?

C'est que la jurisprudence dans cette phrase, en quelque sorte stéréotypée, qu'on retrouve en tête d'un si grand nombre d'arrêts, ne distingue pas entre la condition de la dot mobilière vis-à-vis du mari, et la condition de la dot mobilière vis-à-vis de la femme, tandis que dans le corps même des arrêts elle établit soigneusement cette distinction.

La question a été successivement résolue eu égard au droit de la femme, et eu égard au droit du mari.

D'après une jurisprudence unanime, la dot mobilière est absolument inaliénable par la femme. De là, les conséquences suivantes:

1° Si la femme vend, même avec l'autorisation de son mari, des créances ou des meubles dotaux, et que la tradition n'en ait point encore été faite, elle ne peut être forcée de livrer, la dot mobilière étant absolument inaliénable par elle (1).

2° Si la femme n'a pas seulement vendu avec l'autorisation de son mari ses créances dotales, si elle a de plus livré, opéré la tradition par la remise des titres, elle peut revendiquer ces créances contre l'acheteur qui en a reçu livraison (2).

3° La femme, en se mariant sous le régime dotal, s'est réservé la faculté d'aliéner ses immeubles; pourra-t-elle aliéner aussi ses meubles? Non, sa dot mobilière étant inaliénable et la clause d'aliénabilité contenue dans le

(1) Cassat., 1er février 1819, 26 mai 1836, 23 décembre 1839.

(2) Cassat., 24 juillet 1821.

contrat de mariage devant être entendue dans un sens restrictif (1).

4° La femme emprunte conjointement et solidairement avec son mari, le créancier ne pourra exercer ses droits même par voie de saisie sur la dot mobilière (2).

5° Même après la dissolution du mariage et la restitution de la dot mobilière, il ne pourra poursuivre sur cette dot l'exécution des obligations contractées par la femme pendant le mariage.

6° La femme, pour faciliter au mari l'emprunt que celui-ci voudrait contracter, ne peut valablement renoncer à l'hypothèque légale qui garantit sa créance dotale; elle ne peut également y subroger le prêteur; toute aliénation de la dot étant prohibée, aussi bien l'aliénation indirecte que l'aliénation directe (3).

7° Enfin la séparation de biens étant prononcée, la dot mobilière restera inaliénable aux mains de la femme (4).

Inaliénabilité absolue de la dot mobilière, tel est donc le système de la jurisprudence eu égard à la femme. Propriétaire, elle ne peut en aucune façon aliéner. Toute aliénation émanant d'elle est nulle (sauf toujours l'application de l'art. 2279), que cette aliénation soit directe ou indirecte. La jurisprudence n'a jamais varié sur ce point.

Mais bien différente est la situation eu égard au mari. N'est-il pas tout à la fois usufruitier et administrateur de la dot? Assurément comme usufruitier il ne peut dispo-

(1) Cassat., 1er juillet 1829, 2 janvier 1837.

(2) Cassat., 19 décembre 1810, 1er février 1819, 12 février 1828, 16 décembre 1846.

(3) Cassat., 1er décembre 1851, 19 décembre 1827, 7 février 1843. 18 février et 26 août 1851.

(4) Cassat., 14 novembre 1846, 7 février 1843, etc., etc.

ser de cette dot, car dans les droits d'un usufruitier ne rentre aucun acte d'aliénation ; mais comme administrateur n'est-ce pas pour lui, dans certains cas, un droit et un devoir de convertir en argent certains objets mobiliers qui dépériraient entre ses mains ? « Pour les meubles, a « très-bien dit M. Dupin, le principe varie par la force et « selon la nature même des choses (1). » Il y avait donc une grande distinction à faire entre les pouvoirs de la femme et les pouvoirs du mari.

La question se présenta pour la première fois, en 1819, et elle donna lieu à un arrêt remarquable qui a servi depuis de modèle à presque toutes les décisions judiciaires sur ce point.

Cet arrêt décidait que la dot mobilière est absolument inaliénable par la femme, mais que « le mari étant seul « maître de la dot mobilière dont il a la propriété ou la « libre possession, lui seul peut en avoir la disposition, « et qu'ainsi sous ce rapport, la femme se trouvant dans « l'heureuse impuissance d'aliéner elle-même directe-« ment ses meubles ou deniers dotaux, il était inutile de « lui en interdire l'aliénation. »

Quel était donc, dans cet arrêt et dans les arrêts qui suivirent, le point de départ de la jurisprudence en ce qui concerne les pouvoirs du mari ? Ce point de départ, c'est que la femme ayant transmis tous ses droits à son mari pendant le mariage, ne peut les exercer ; qu'elle est entièrement dépouillée à cet égard ; que le mari est seul propriétaire et maître de la dot mobilière, *dominus dotis ;* que la femme n'en peut par conséquent disposer.

(1) Dupin, *Journal du palais*, 1829, t. II, p. 105 et suiv.

Or, ce point de départ de l'arrêt de 1819 et de quelques arrêts subséquents était radicalement faux : la femme reste propriétaire.

Aussi la jurisprudence abandonna bientôt ce point de départ, et fit dériver les pouvoirs si étendus qu'elle accorde au mari, non plus de son droit de propriété, mais de son droit d'administration.

La doctrine de la jurisprudence, s'appuyant sur cette base nouvelle, est développée de la façon la plus nette dans l'arrêt célèbre du 12 août 1846.

« Attendu, dit cet arrêt, qu'aux termes de l'art. 1549 « du code civil, le mari a l'*administration* des biens do- « taux et le droit de recevoir le remboursement des capi- « taux, *par conséquent* celui de disposer desdits capitaux, « lorsqu'aucune condition d'emploi n'a été stipulée ; — « attendu que si, d'après les dispositions du code civil sur « le régime dotal, la dot mobilière est inaliénable comme « la dot immobilière, il s'ensuit seulement que la femme, « même autorisée par son mari, ne peut aliéner ni direc- « tement, ni indirectement les droits qui lui sont assurés « par la loi pour la conservation de sa dot ; — que ces « droits, quant à la dot mobilière, lorsque le mari a usé « de la faculté d'en disposer, consistent dans un recours « contre le mari, recours garanti par l'hypothèque légale, « et auquel la femme, pendant le mariage, ne peut renon- « cer ; — que cette créance dotale contre le mari ne peut « être aliénée ni par la femme, ni par le mari, ni par tous « les deux conjointement ; mais que le mari qui reçoit le « remboursement d'un capital constitué en dot, qui en « fait un emploi plus ou moins utile pour lui, ou pour sa « femme, ou qui fait cession à un tiers d'une créance do-

« tale, ne fait qu'user du droit de libre disposition qui lui « appartient à cet égard, puisque la propriété de la femme « est convertie par la loi en une créance contre le mari, « lequel est personnellement et hypothécairement obligé « à la restitution, après la séparation de biens ou la disso- « lution du mariage, etc.... »

Depuis lors, c'est donc devant les nécessités de l'administration du mari que la jurisprudence fit plier le principe de l'inaliénabilité de la dot mobilière. Mais tout en conservant ce point de départ, si juste et si rationnel, elle étendit démesurément les droits du mari, et actuellement elle lui reconnaît sur la dot mobilière un droit de disposition tout aussi étendu que s'il était réellement propriétaire.

Relativement au mari, la jurisprudence a donc successivement décidé :

1° Que la transaction à l'occasion d'un capital litigieux faisant partie de la dot mobilière, et le remboursement qui en a été fait selon la valeur vénale, en conséquence de la transaction, sont actes d'administration et non d'aliénation (1).

2° Que le mari peut disposer des capitaux mobiliers de la femme (2).

3° Qu'il peut même céder, en paiement d'une dette qui lui est personnelle, une créance hypothécaire apportée en dot par sa femme (3).

4° Qu'ayant un droit actuel sur les sommes constituées en dot, qui ne seraient payables qu'à terme, il peut

(1) Cassat., 10 janvier 1826.
(2) Cassat., 18 février, 26 août 1851.
(3) Paris, 28 mars 1829. — Grenoble 13 juillet 1848.

les céder et transporter avant l'échéance du terme (1).

5° Qu'il peut valablement aliéner des créances dotales, quel que soit leur chiffre, et même des actions de chemin de fer, rentes sur l'État, etc. (2).

Le droit de disposition du mari tend donc aujourd'hui à devenir absolu par rapport aux meubles. Les pouvoirs du mari administrateur sont calqués sur les pouvoirs d'un propriétaire. Voici une espèce qui démontrera combien il y a d'exagération dans cette doctrine :

En août 1855, la dame C... contracta avec le sieur C... un second mariage, sous le régime dotal, et en se constituant en dot tous ses biens présents et à venir, notamment une rente viagère de 4,000 francs qui avait fait réversion sur sa tête par suite du décès de son premier mari. Deux ans après le mariage, le mari ne trouva rien de mieux à faire que de demander au débiteur de la rente viagère l'amortissement de cette rente. Le 22 septembre 1857, le mari consentit donc au profit du sieur D..., débiteur de la rente viagère, l'amortissement, moyennant la somme de 50,000 francs.

Le sieur D... requit alors du conservateur des hypothèques la radiation de l'inscription hypothécaire qui grevait l'un de ses immeubles pour sûreté du service de la rente viagère ; mais le conservateur refusa d'opérer la radiation qui lui était demandée, en se fondant sur ce que l'acte du 22 septembre 1857 était nul, comme contraire à l'inaliénabilité de la dot.

Un jugement du tribunal civil de Belley, du 17 décembre 1857, ordonna la radiation.

(1) Cassat., 29 août 1848.
(2) Cassat., 1er décembre 1851.

La cour de Lyon, par arrêt du 23 avril 1858, infirma ce jugement, se fondant sur ce que cette rente viagère n'ayant pas été mise à prix dans le contrat de mariage, la dame C... en était restée propriétaire, et que cette partie de la dot, par conséquent, avait été frappée de cette inaliénabilité, qui fait l'essence du régime dotal :

« Considérant, de la part de la femme, que l'inaliéna-« bilité de la somme s'opposait à ce que celle-ci pût dis-« poser de la rente viagère restée sa propriété. — Consi-« dérant, de la part du mari, qu'on ne saurait faire rentrer « un pareil acte dans le pouvoir d'administration qui lui « est conféré par l'art. 1449, code Nap... ; que ces actes « d'aliénation que la loi permet au mari doivent se res-« treindre à ce qui, en fait de meubles, est un résultat de « leur nature ou une dépendance nécessaire du pouvoir « d'administrer, et que, hors ces cas, le principe de l'ina-« liénabilité reprend tout son empire. — Considérant « qu'il s'agit, dans la cause, d'une rente viagère; que le « pouvoir d'administration du mari, sur une rente via-« gère, ne comporte que la perception des arrérages dans « le retour périodique desquels ce genre de propriété « consiste ; — Que le contrat par lequel le mari amortit « la rente viagère en détruisant ainsi dans sa substance le « bien dotal pour le remplacer par une somme d'argent, « ne peut présenter les caractères que d'un acte d'aliéna-« nation pure et simple de la dot. — Considérant que « l'on comprendrait, sans doute, que dans certains cas où « la rente viagère viendrait à péricliter, il peut être avan-« tageux et pressant de la convertir en un capital immé-« diatement payé ; que le contrat passé à ce sujet par le « mari devrait être validé, comme se rapportant princi-

« palement à l'exercice prudent et éclairé de son pouvoir « d'administration de la dot... — Mais considérant que « l'espèce n'offre rien de semblable ; — Que la rente via-« gère est garantie par une hypothèque plus que suffi-« sante ; — Que l'aliénation qui en est faite par l'acte « authentique du 22 septembre 1857 a eu, pour unique « motif, le désir des époux C... de se procurer à sa place « un capital de 50,000 francs ; — Qu'on peut croire que « le mari a recherché par là le moyen de donner utile-« ment effet à un gain de survie que le contrat de ma-« riage stipule en sa faveur ; — Que toutes ces circon-« stances sont évidemment exclusives d'une mesure qui « n'aurait été dictée que par une prévoyance conserva-« trice de la dot. — Considérant que s'il est dans l'intérêt « des familles que le pouvoir d'administration de la dot, « confiée au mari, soit dégagé d'entraves, le premier but « de la forte protection, organisée par le régime dotal, est « de maintenir l'inaliénabilité de la dot mobilière ou im-« mobilière, but qui, dans les habitudes modernes, serait, « pour la plupart du temps, pour la dot mobilière, une « illusion, sans la distinction nettement tracée des actes « d'aliénation interdits au mari, et des actes d'administra-« tion que seul il peut faire... »

Cet arrêt de la cour de Lyon était, comme on le voit, admirablement motivé. Il traçait, de la façon la plus nette, la démarcation qui devrait exister entre les pouvoirs du mari administrateur et les pouvoirs d'un propriétaire. Il protestait, il est vrai, contre les tendances exagérées de la Cour de cassation ; mais la solution qu'il donnait paraissait si juste, si rationnelle, l'espèce était si favorable, que personne n'eût pu croire alors que cet arrêt tomberait plus tard sous la censure de la Cour suprême.

Cependant, le sieur D... s'était pourvu contre cet arrêt pour violation de l'art. 1549 du code Napoléon. Il prétendait que cet arrêt ayant décidé que le mari ne peut disposer de la dot mobilière de sa femme, et notamment convertir une rente viagère dotale en un capital, était contraire à la jurisprudence de la Cour de cassation, de laquelle il résulte que le mari a la libre disposition des valeurs mobilières que la femme s'est constituées en dot, et que celle-ci est seulement dans l'impuissance légale de renoncer à sa créance contre son mari, et à l'hypothèque légale qui y est attachée.

La Cour de cassation, présidée par M. Troplong, sur les conclusions de M. de Raynal, le 6 décembre 1859, après délibération dans la chambre du conseil, a rendu l'arrêt suivant :

« La Cour ; — Vu l'art. 1549 du code Napoléon ; —
« Attendu que, dans le régime dotal, les biens constitués
« en dot à la femme sont protégés par diverses garanties
« qui doivent concourir à la conservation de la dot, et en
« tête desquelles se place la règle de l'inaliénabilité ; que
« cette règle, toutefois, diffère dans ses applications et dans
« ses effets, selon la nature des biens affectés du caractère
« de dotalité ; que si, pour les biens de toute nature, elle
« protége la dot contre tous actes de disposition de la part
« de la femme, il n'en est pas ainsi, au même degré du
« moins, en ce qui concerne les actes du mari ; — Attendu
« en effet, que les droits du mari sur la dot excèdent les
« limites dans lesquelles se circonscrit la sphère d'action
« d'un administrateur ordinaire ou même d'un usufrui-

« tier... ; — Que, restreint seulement à l'égard des immeubles dotaux, pour lesquels il ne peut aller jusqu'à « l'aliénation ou l'hypothèque, si ce n'est dans des cas et « sous des conditions rigoureusement déterminées, il n'est « soumis à aucune limitation analogue, en ce qui concerne les valeurs mobilières constituées en dot ; qu'il « eût été contraire au but même du régime dotal d'assimiler complétement, sous ce rapport, la dot mobilière à la dot immobilière... ; que, soumise par sa nature même à des chances diverses d'altération ou de « perte, elle devait, dans les vues du législateur, comporter tous actes de disposition qui permettraient au « mari d'en faire l'emploi le plus utile à l'intérêt de la « famille... ; — Attendu que, sauf les cas de concert « frauduleux entre le mari et les tiers, ces appréciations « et ces actes rentrent dans les limites du pouvoir du « mari sur la dot mobilière ; que si, à côté des avantages « d'une administration intelligente et sage, se présentent « les dangers d'une gestion imprudente, c'est aux conventions matrimoniales d'y obvier ; que, à défaut de stipulations spéciales, il y est pourvu dans la mesure que la « loi a jugée suffisante, par la responsabilité du mari avec « la garantie de l'hypothèque légale sur tous ses immeubles..., etc., etc. Par ces motifs, casse... (1). »

Cet arrêt a fait une immense sensation. Il est, en effet, difficile de comprendre que, sacrifier 4,000 francs de revenu pour une somme de 50,000 francs, garantie par des sûretés douteuses, ce soit là un acte d'administration. Et si le mari, qui a la libre disposition des capitaux, dissipe

(1) Dalloz, 1859, t. 1, p. 501.

ces 50,000 francs? — Mais, répond la Cour de cassation, la femme n'a-t-elle pas son hypothèque légale? — Et si le mari meurt insolvable, s'il ne laisse aucun bien dans sa succession, à quoi servira-t-il à la femme d'avoir eu une hypothèque légale? La jurisprudence met bien aux mains de la femme une arme contre son mari; mais, par une inconséquence déplorable, elle laisse au mari lui-même toute facilité de rendre cette arme impuissante. Voilà le vice de ce système et cet arrêt le fait toucher du doigt! On fait, en réalité, du mari, le maître de la dot; on lui permet de l'aliéner, et, par un singulier renversement d'idées, le mari seul se trouve protégé par un régime, imaginé pourtant dans l'intérêt exclusif de la femme! Qu'y a-t-il donc, en réalité, d'inaliénable? Un recours, mais un recours qui sera le plus souvent illusoire, car l'inconduite ou de mauvaises spéculations du mari auront amené pour la femme une ruine qui, ordinairement, sera précédée de celle du mari. Il est donc incontestable que le système de la jurisprudence est vicieux, et qu'il est manifestement contraire à l'esprit du régime dotal.

Et ce qui rend plus étonnante encore cette doctrine de la Cour de cassation, c'est la protection dont elle a soin d'entourer les revenus des biens dotaux. Quand elle exige rigoureusement, comme nous l'avons vu au chapitre précédent, que les revenus des immeubles dotaux ne soient pas distraits de leur affectation, pourquoi abandonne-t-elle au bon plaisir du mari la dot mobilière de la femme? Quand elle défend au mari de disposer d'une façon absolue des revenus à échoir, pourquoi laisse-t-elle à sa libre disposition le capital mobilier incorporel? Il y a donc là, il faut l'avouer, une contradiction regrettable. Mais il paraît que les contradictions inquiètent peu la Cour de cassation !

En résumé : elle déclare la dot mobilière absolument inaliénable par la femme ; mais elle la déclare parfaitement libre aux mains du mari.

Il faut donc bien se garder de dire que, dans le système de la jurisprudence, la dot mobilière est inaliénable comme la dot immobilière. Dans ce système, au contraire, tout objet mobilier est aliénable ; seulement, c'est le mari qui aliène, et non la femme.

« Il est parfaitement évident, dit avec raison M. Mar-
« cadé, qu'un bien, dont quelqu'un peut disposer, un bien
« qui peut être aliéné, est un bien aliénable. »

Aussi (chose remarquable !) entre le système de la jurisprudence et le système de l'aliénabilité absolue, la différence est infiniment moins grande qu'on ne serait tenté de le croire au premier abord. Cette remarque est si vraie que deux auteurs, dont le nom fait autorité, et qui sont partisans avoués de la liberté de la dot mobilière, acceptent dans presque toutes ses conclusions le système de la jurisprudence ; ils n'en contestent guère que le point de départ. Ces auteurs sont MM. Troplong et Marcadé.

En principe, pour M. Troplong, la dot mobilière n'est pas plus inaliénable par la femme que par le mari. Cependant M. Troplong approuve la jurisprudence en ce qu'elle déclare la dot mobilière inaliénable entre les mains de la femme ; mais ce n'est pas, d'après lui, parce que cette dot est frappée d'inaliénabilité, c'est uniquement (et en cela il reprend la doctrine des premiers arrêts de la Cour de cassation) parce que la femme ayant transmis tous ses droits à son mari pendant le mariage, ne peut les exercer :

qu'elle est entièrement dépouillée à cet égard ; que le mari est seul *maître* et *propriétaire* de la dot, et que la femme, par conséquent, n'en peut pas disposer (1).

Mais ce point de départ, comme nous l'avons déjà dit, est radicalement faux. Cette prétendue propriété du mari est contraire aux textes les plus positifs. Le mari est usufruitier (art. 1562), administrateur (art. 1549); mais propriétaire, jamais. Ce qui était déjà considéré comme une fiction, comme une *subtilitas legum* au temps de Justinien, pouvait-il trouver place dans le code Napoléon ? Le mari n'est donc pas en principe propriétaire de la dot mobilière (sauf les hypothèses des art. 1551 et 1552); ainsi tombe la base du système de M. Troplong et le système lui-même (2).

Quant à M. Marcadé, il approuve, lui aussi, en sa qualité de partisan de la liberté de la dot mobilière, l'extension indéfinie que la jurisprudence accorde aux pouvoirs du mari sur cette dot. Mais, s'il faut l'en croire, le système de la jurisprudence a un point de départ erroné. Car, à ses yeux, le mari n'est pas seulement usufruitier et administrateur, il est *procurator ;* le contrat de mariage lui a donné mandat d'aliéner, et si la femme n'a pas la libre disposition de sa dot mobilière, c'est qu'elle s'est dépouillée de ses droits pour les transmettre à son mari. C'est donc

(1) Troplong, *Contr. de m.*, nos 3252, 3253, 3255, 3263.

(2) M. Troplong se sépare du système de la jurisprudence en ce qu'il prétend que les obligations, valablement contractées pendant le mariage par la femme dotale, peuvent être poursuivies, après la dissolution, sur sa dot mobilière. Il admet que la séparation de biens fait cesser l'inaliénabilité de cette dot. Mais, comme la jurisprudence, il refuse à la femme le droit de renoncer à l'hypothèque légale qui garantit la restitution de sa dot mobilière. « Cette hypothèque, dit-il, est un droit immobilier. » Il y a là une erreur (No 3265).

à l'incapacité de la femme, et non à l'inaliénabilité, qu'il rattache l'indisponibilité dont la dot mobilière est frappée entre ses mains. Mais cette supposition d'un mandat, faite par M. Marcadé, est purement gratuite, et, en présence des textes du code, elle doit être immédiatement rejetée.

Quoi qu'il en soit, ce point de contact que ces deux auteurs trouvent entre leur système et celui de la jurisprudence, prouve combien serait fausse l'idée que la Cour de cassation déclare la dot mobilière inaliénable, comme la dot immobilière.

L'inaliénabilité, telle que la conçoit la jurisprudence, se résume donc dans cette idée que la femme ne peut renoncer à la créance qu'elle a contre son mari, ni à l'hypothèque légale qui garantit cette créance. Système curieux à étudier, et qui ne laisse pas que d'être très-bizarre au premier abord, puisque, tandis que sous le régime de la communauté, qui de sa nature n'est point pour la femme un régime de protection, on restreint considérablement les pouvoirs du mari (art. 1428); sous le régime dotal, régime essentiellement protecteur, on donne au mari des pouvoirs excessifs.

Nous avons exposé ces trois systèmes avec la plus grande impartialité, en en faisant ressortir les conséquences et les dangers. Maintenant, quel système adopterons-nous?

Nous pensons que la dot mobilière est inaliénable, mais nous repoussons les exagérations de la jurisprudence en ce qui concerne les pouvoirs qu'elle accorde au mari; nous adoptons en un mot le premier système : système de l'inaliénabilité absolue de la dot mobilière en dehors des droits et des devoirs d'une sage administration.

Et d'abord, qu'on nous permette de faire observer que les pouvoirs si étendus, si exagérés que la jurisprudence donne au mari sur la dot mobilière, ne sont pas une conséquence nécessaire de l'inaliénabilité de cette dot. La raison peut très-bien concevoir, en effet, une législation qui interdirait d'une façon absolue aux époux la disposition de la dot mobilière, sauf les nécessités de l'administration du mari. Inaliénabilité absolue de la dot mobilière par la femme, et aliénabilité absolue de cette dot par le mari, ne sont donc pas deux idées invinciblement enchaînées l'une à l'autre, qui s'appellent réciproquement et nécessairement l'une l'autre. Nous avons vu qu'en définitive c'est par une extension démesurée et abusive des pouvoirs d'administrateur conférés au mari, que la Cour de cassation en est venue à lui accorder des droits aussi étendus que ceux d'un propriétaire. Son point de départ est donc dans l'art. 1549, aux termes duquel le mari seul a l'administration des biens dotaux pendant le mariage. Or ce qui répugne à notre raison, ce que nous ne pourrons jamais admettre, c'est qu'un administrateur ait les droits d'un propriétaire ; c'est, par exemple, que le mari administrateur puisse convertir des rentes sur l'État dotales en une rente viagère constituée sur sa tête. Nous repoussons donc le système de la jurisprudence. Impossible de le soutenir doctrinalement ; impossible aussi de l'accepter au point de vue de la justice, puisque la créance de la femme, quelque énergiquement qu'on la garantisse, ne sera le plus souvent qu'une créance illusoire. Si la jurisprudence persiste dans ce système, pourquoi maintiendrait-elle l'inaliénabilité de la dot mobilière par la femme ? Pourquoi cette entrave, s'il n'y a pas de protection ? Ou la femme doit être protégée, ou elle ne doit pas l'être. Veut-on la protéger? que la protection soit donc efficace. Veut-on, au contraire, lui refuser toute protection? qu'on n'apporte pas alors à son droit de propriété une entrave qui n'a plus sa raison d'être. Mais la jurisprudence veut protéger la femme, puisqu'elle proclame l'inaliénabilité de la dot ; elle doit donc, pour être juste et logique, ne pas laisser aux mains du mari un moyen facile de ruiner sa femme et ses enfants.

C'est en le modifiant ainsi, que nous adoptons le principe de l'inaliénabilité de la dot mobilière.

Est-il donc possible d'établir ce système en doctrine? Nous pensons que, d'après l'esprit et le texte du code Napoléon, la dot mobilière est inaliénable.

Pourquoi, en effet, la dot mobilière ne serait-elle pas comme la dot immobilière, inaliénable? Les partisans de l'aliénabilité répondent : 1° qu'en droit romain le mari avait la libre disposition de la dot mobilière ; 2° que dans notre ancienne jurisprudence, sauf dans le ressort du parlement de Bordeaux, la dot mobilière était aliénable ; 3° que cette aliénation trouve aujourd'hui sa confirmation virtuelle dans le code Napoléon, qui, toutes les fois qu'il parle d'inaliénabilité, ne parle que du *fonds* ou de l'*immeuble* dotal. Voilà les trois ordres d'arguments sur lesquels s'appuient les partisans de l'aliénabilité absolue de la dot mobilière.

Oui, sans doute, en droit romain (nous l'avons soigneusement démontré) la dot mobilière était aliénable et le mari en avait la libre disposition. Mais y a-t-il là en réalité un argument que nos adversaires puissent invoquer? Non, évidemment. Dans la première époque du droit romain, toute la dot, meubles et immeubles, était aliénable. Plus tard, la dot immobilière devint inaliénable, mais cette inaliénabilité tombait devant une simple manifestation de volonté de la part de la femme. Bien différent est donc le régime dotal romain du régime dotal francais. Nous avons démontré qu'Auguste avait été inspiré par des motifs politiques. L'esprit et le but de l'inaliénabilité dans le code Napoléon n'étant plus les mêmes qu'en droit romain, ce n'est donc pas dans le droit romain qu'il faut chercher la solution de notre question.

On s'appuie en second lieu sur la jurisprudence de nos pays de droit écrit. Il y a là une assertion étrange. Nous avons en effet soigneusement établi dans notre chapitre premier que, bien loin de consacrer l'aliénabilité de la dot mobilière, la jurisprudence de nos pays de droit écrit, à quelques rares exceptions près, consacrait l'inaliénabilité de la dot de la façon la plus large et la plus absolue. Pourquoi donc nier l'évidence? Pourquoi soutenir encore que cette inaliénabilité n'était consacrée que dans le seul parlement de Bordeaux? N'était-elle pas consacrée en Auvergne et dans la Marche, pays de dotalité? N'était-elle pas consacrée dans le parlement de Toulouse, en Provence, en Savoie et enfin dans le Lyonnais, le Mâconnais, le Forez et le Beaujolais avant l'édit de 1664? Que nos adversaires ne disent donc pas que, sauf dans le ressort du parlement de Bordeaux, il y avait unanimité dans notre ancienne jurisprudence pour décider que la dot mobilière était aliénable.

Mais ce n'est pas seulement sur le droit romain et sur notre ancien droit, que l'on veut appuyer cette doctrine de l'aliénabilité de la dot mobilière; c'est encore sur le code

Napoléon. C'est là où nos adversaires croient trouver leurs arguments les plus décisifs, les plus irréfutables.

Voyez, disent-ils, voyez la rubrique de notre section! Elle est ainsi conçue : « Des droits du mari sur les biens dotaux et de l'inaliénabilité du *fonds* dotal »; or ces expressions *fonds dotal* n'indiquent-elles pas de la façon la plus formelle que dans toute cette section il n'est nullement question de l'inaliénabilité de la dot mobilière?

Voyez, ajoutent-ils, l'art. 1554! « Les *immeubles* constitués en dot ne peuvent être aliénés ni hypothéqués pendant le mariage, dit cet article. » Or, il ne parle que des *immeubles*, les meubles restent donc en dehors de cette entrave apportée au droit de propriété de la femme!

Voyez, continuent-ils, l'art. 1558! Cet article ne parle encore que des *immeubles*.

Et de ces textes ils tirent par un argument *a contrario* cette conclusion que le code Napoléon consacre l'aliénabilité absolue de la dot mobilière.

Quelque spécieux qu'ils soient, ces arguments nous touchent peu. Oui, nous l'avouons, dans presque tous les articles du code, relatifs à l'inaliénabilité de la dot, c'est seulement sur les *immeubles dotaux*, sur les *fonds dotaux* que portent la prohibition d'aliéner et les exceptions admises par le législateur. Mais devons-nous être esclaves de la lettre? N'est-ce pas contrevenir à la loi, que d'en suivre la lettre, si on en viole l'esprit? Et n'est-ce pas une sage maxime que cette maxime de Dumoulin: *Si materia dictat unum expressum et verba contrarium, non credam simplici verbo quod materia plus inspicitur quam verbum* (1)? — Nous ne comprendrions pas d'ailleurs qu'une

(1) *Des Fiefs*, t. I.

doctrine dont les conséquences sont si graves, qui est si peu en harmonie avec l'esprit du régime dotal et avec la protection excessive que le législateur a voulu accorder à la femme dotale, fût pour de bons esprits suffisamment assise sur un argument tiré du brocart : *qui dicit de uno negat de altero.*

On invoque le mot *immeubles* de l'art. 1554 ! Voyons donc quelle est la valeur de cet argument. L'art. 1554 ne parle, il est vrai, que des immeubles dotaux, mais son silence à l'égard des meubles peut s'expliquer historiquement. Dans le projet du 6 vendémiaire an XII, qui admettait le régime dotal en principe, l'art. 138 du projet disait cependant: « Les *immeubles* constitués en dot, même dans le cas du présent paragraphe, ne sont point inaliénables. » A la suite d'une discussion qui renversa le projet quant à ce point, on prit le contre-pied de la rédaction rejetée, et comme cette rédaction ne parlait que des *immeubles* pour les déclarer aliénables, la rédaction substituée n'a parlé que des *immeubles* pour les déclarer inaliénables. — On peut faire remarquer encore sur cet article, comme le disait très-bien M. Nicias Gaillard, dans un réquisitoire qu'il prononça le 15 décembre 1836 devant la cour de Poitiers (1), que « dans un article qui parle d'aliénation directe, vente ou hypothèque, c'était surtout aux immeubles constitués en dot qu'on devait songer. En effet, ou les meubles apportés par la femme sont fongibles, et alors le mari en est propriétaire ; ou bien ils consistent en objets non fongibles, mais mis à prix par le contrat sans déclaration que l'estimation n'en fait pas vente, et dans ce cas

(1) *Journal du palais*, 1837, t. II, p. 306.

le mari en devient encore propriétaire et peut en disposer à son gré à la charge seulement d'en restituer le prix ; ou bien encore les meubles constitués en dot n'ont pas été estimés par le contrat, et alors la femme en conserve la propriété, mais le mari qui en a la possession peut les vendre sans que l'acheteur, protégé par la maxime : *en fait de meubles, possession vaut titre*, puisse être inquiété. Donc, dans tous les cas, les intérêts des tiers sont également à couvert ; et certes on ne se trouve pas, quant aux meubles dotaux qui sont toujours dans les mains du mari et laissés en fait à sa disposition, dans les mêmes termes que relativement aux immeubles dotaux, dont le mari n'a jamais que l'administration, et dont l'inaliénabilité a pour sanction l'action révocatoire accordée à la femme. Reste seulement le cas où la dot de la femme consiste en meubles incorporels, et, dans ce cas, il est vrai de dire : d'une part, qu'ils n'appartiennent pas au mari ; d'autre part, que celui auquel il les aurait transmis sans acte régulier de transmission ne pourrait opposer la maxime que nous avons tout à l'heure rappelée, maxime faite seulement pour les meubles corporels. Mais l'on conçoit que l'intention du législateur n'entrant pas dans toutes ces distinctions, se soit principalement occupée des immeubles dotaux auxquels le principe de l'inaliénabilité est toujours applicable de droit. »

Ces observations s'appliquent également aux art. 1557, 1558, 1559, 1560.

Après avoir réfuté ces objections de nos adversaires, nous allons maintenant essayer d'établir doctrinalement notre système.

Quels arguments de texte invoquerons-nous ? Invoquerons-nous les art. 1555 et 1556 du code qui, en formulant une exception à notre art. 1554, parlent des *biens dotaux?* Cet argument, pour nous, n'a aucune valeur. Ces articles, en effet, apportant des exceptions à l'art. 1554, se réfèrent nécessairement à cet article, et les termes dont ils se servent ne peuvent avoir une portée plus grande que ceux de l'art. 1554. On ne peut excepter d'une règle que ce qui s'y trouve compris.

Invoquerons-nous l'art. 1541 aux termes duquel tout ce que la femme se constiiue ou qui lui est donné par contrat de mariage est *dotal*, s'il n'y a stipulation contraire? Dirons-nous avec M. Dupin : *tout est dotal*, c'est-à-dire: que le principe général est la conservation, l'inaliénabilité, le remploi, le privilége dotal? Non, certainement ; car le mot *dotal* ne signifie pas *inaliénable ;* il signifie seulement *affecté aux charges du ménage.*

Nous laisserons également de côté l'art. 1564 du code Napoléon, qui, en prescrivant la restitution sans délai après la dissolution du mariage *de la dot mobilière* dans le cas où la propriété n'est pas passée au mari, semble bien supposer que cette dot a dû être conservée.

Invoquerons-nous l'art. 7 du code de commerce? On a soutenu que cet article, qui ne permet pas à la femme marchande publique d'aliéner *ses biens* stipulés dotaux, embrasse aussi dans la généralité de ses termes, tous les biens sur lesquels porte la stipulation de dotalité. On a même fait remarquer, à l'appui de notre système, qu'une différence importante de rédaction existe entre cet art. 7 et l'article précédent, relatif aux mineurs. Dans l'art. 6, en effet, la loi emploie le mot *immeubles,* parce que pour aliéner les meubles le mineur marchand n'a pas besoin d'autorisation. Mais on peut contester la valeur de cet argument.

Invoquerons-nous enfin l'art. 83 du code de procédure civile, qui place au nombre des causes dont communication doit nécessairement être faite au ministère public, celles des femmes non autorisées par leur mari, ou même autorisées, lorsqu'il s'agit de leur *dot* et qu'elles sont mariées sous le régime dotal? Le langage de la loi n'est pas équivoque. Il y est question de la *dot*, ce qui comprend évidemment tout ce qui est réputé dotal. Il y a plus ; on ne peut compromettre que sur les droits dont on a la libre disposition ; c'est ce qu'enseigne l'art. 1003 du code de procédure. Les contestations qui sont sujettes à communication au ministère public ne peuvent être l'objet d'un compromis ; la conséquence est donc que les femmes mariées sous le régime dotal ne peuvent aliéner leur dot mobilière, car compromettre, c'est aliéner. Mais on pourrait répondre que, aliéner et compromettre étant deux actes bien différents, puisqu'en aliénant on connaît ce qu'on fait, tandis qu'on ignore ce qu'on fait en compromettant, de ce qu'il y a interdiction absolue de compromettre, on ne peut valablement conclure qu'il y ait prohibition absolue d'aliéner.

Nous laissons donc tous ces textes de côté. Ils peuvent fournir des inductions, des inductions puissantes, mais ils ne peuvent fournir des preuves décisives.

Sur quels arguments appuierons-nous donc notre système? Quels arguments invoquerons-nous pour démontrer que, dans l'intention du législateur, la dot mobilière doit être protégée aussi énergiquement que la dot immobilière?

I. — Nous ferons remarquer d'abord que dans notre chapitre du régime dotal il n'y a aucun texte qui indique

que la femme dotale puisse s'obliger sur sa dot, contracter des obligations qui seront exécutées sur sa dot. Dans les régimes coutumiers nous voyons continuellement le contraire (art. 1431, 1494, 1487); mais dans le chapitre du régime dotal, il n'y a pas un mot des obligations de la femme. C'est là, nous en convenons, un argument négatif qui ne peut fournir qu'une induction ; mais cette induction est très-grave, et quand nous concluons du système de la loi que la femme dotale ne peut valablement consentir à son créancier un droit de poursuite sur ses biens dotaux, meubles ou immeubles, notre conclusion est légitime.

II. — L'art. 1543 nous fournit un argument direct qui, suivant nous, a une grande valeur. Cet article est ainsi conçu : « *La dot* ne peut être constituée ni même augmentée pendant le mariage. » Pourquoi cette défense ? Faut-il y voir une application pure et simple du principe de l'art. 1395 qui, après la célébration du mariage, défend de changer les conventions matrimoniales ? Mais qui ne voit qu'alors cet article n'aurait aucune utilité, ne serait qu'une puérile redondance ? L'art. 1395 n'était-il pas suffisant ? Et puis l'art. 1395 suffirait bien, sans doute, pour expliquer comment l'art. 1543 ne permet pas à la femme de changer des paraphernaux en biens dotaux ; mais pourquoi défend-il à un étranger de constituer une dot pendant le mariage, car dans la généralité de ses termes cet article ne distingue pas ? Voilà deux époux qui sont mariés sous le régime dotal ; un oncle qui s'intéresse à leur bonheur, à la prospérité de leur ménage, fait, dix ans après la célébration du mariage, une libéralité à la femme ; pourquoi la loi lui défend-elle de stipuler la dotalité comme condition de sa libéralité ? Est-ce dans l'intérêt des époux ?

Mais non, évidemment, puisque l'impossibilité où la loi les met de recevoir cette donation va les priver d'un bien qui aurait augmenté chez eux l'aisance et le bien-être. Est-ce dans l'intérêt des tiers ? Mais quel danger courent les tiers à ce qu'un bien entre dans le patrimoine des époux? Ah ! si la règle de l'ancienne jurisprudence du parlement de Toulouse, si la règle de la loi *Assiduis,* qui donnait à la femme un privilége si exorbitant pour la restitution de sa dot, n'avait pas été abrogée par l'art. 1572, nous comprendrions l'intérêt des tiers ; mais ce privilége n'existe plus. Si donc l'art. 1543 défend d'augmenter ou de constituer la dot pendant le mariage, c'est surtout dans un motif d'intérêt public. L'inaliénabilité est dangereuse. La faveur du mariage seule a engagé le législateur à déclarer qu'en principe la dot est inaliénable ; mais l'art. 1543 nous démontre bien que le mariage, une fois célébré, l'intérêt public, qu'on avait sacrifié à l'intérêt de la femme, reprend son empire. Impossible donc de concevoir, sans l'inaliénabilité, qu'on ne puisse augmenter la dot pendant le mariage.

Or, qui oserait dire que c'est seulement en immeubles que l'art. 1543 défend de constituer une dot pendant le mariage ? Qui oserait dire, en présence de cet article, que cet oncle dont nous parlions pourrait, *durante matrimonio,* donner à la femme, en les frappant de dotalité, 100,000 francs en rentes sur l'État? La prohibition de l'art. 1543 comprenant donc les meubles et les immeubles démontre bien que la dot mobilière est inaliénable comme la dot immobilière (1).

(1) Cet argument, qui a une si grande valeur, n'est invoqué dans aucun

III. — L'étude attentive des travaux préparatoires ne peut laisser aucun doute sur la solution que nous proposons. Toute la discussion du chapitre du régime dotal prouve que c'est le principe de l'inaliénabilité de la dot mobilière que le législateur a voulu consacrer.

Nous avons dit combien d'hésitations assaillirent les rédacteurs du code en ce qui concerne le régime dotal. Le premier projet présenté par M. Portalis n'autorisait pas expressément ce régime. Les provinces du Midi réclamèrent. Fit-on immédiatement droit à leurs réclamations? Non. Dans un second projet, présenté le 6 vendémiaire an XIII (2), on adoptait, sans doute, le régime dotal, mais on déclarait nulle toute clause par laquelle l'inaliénabilité serait stipulée. La discussion sur cet article du projet fut très-vive et on finit par obtenir l'inaliénabilité.

Mais, en admettant l'inaliénabilité, les rédacteurs du code l'admirent d'une façon absolue. Cela résulte d'abord de ce que la question de l'inaliénabilité fut soulevée par les partisans du système des pays de droit écrit; la discussion s'engageait, en effet, sur ces mots de M. Portalis : « Si *la dot* est déclarée aliénable le système des pays de droit écrit est entièrement sacrifié. » — Cela résulte encore des termes employés dans le cours de la discussion : *Biens dotaux*, *dot*, *patrimoine des enfants*, etc., etc., expressions très-générales. La discussion dans le Conseil d'État se termina par cette décision : « *Le Conseil adopte le principe de l'inaliénabilité de la dot.* » Nous retrouvons ces mêmes expressions générales dans les discours du tribun Du-

arrêt de la Cour de cassation. C'est au cours de M. Valette (1860-1861) que nous l'avons entendu exposer pour la première fois.

(2) Locré, t. XIII, p. 122.

veyrier au Tribunat, de M. Siméon au Corps législatif.

A cet argument, si concluant pour quiconque veut juger les choses froidement et avec impartialité, il n'y a rien à répondre. Car, c'est pour ne pas froisser les habitants des pays de droit écrit que le législateur a voulu conserver l'inaliénabilité. Or, est-il vraisemblable qu'obtempérant à leur demande, il leur ait accordé l'inaliénabilité autre qu'elle n'était dans l'ancien droit? « Ce qu'ils réclamèrent, « dit très-bien M. Pont, ce ne fut pas une garantie illu- « soire, des espérances décevantes et un pâle reflet de la « dotalité ; mais une protection efficace et complète. »

IV. Quel est d'ailleurs l'esprit de la loi? Quel est le but de l'inaliénabilité dans le code Napoléon?

Nous avons déjà rapporté ces remarquables paroles de M. Siméon au Corps législatif :

« L'inaliénabilité de la dot, modifiée par les causes qui « la rendent juste et nécessaire, et que la loi exprime, a « l'avantage d'empêcher qu'un mari dissipateur ne con- « sume le patrimoine maternel de ses enfants, qu'une « femme faible ne donne à des emprunts ou à des ventes « un consentement que l'autorité maritale obtient presque « toujours, même des femmes qui ont un caractère et un « courage au-dessus du commun. L'inaliénabilité de la « dot a tous les avantages des substitutions sans aucun des « inconvénients qui les ont fait proscrire ; elle conserve « les biens dans les familles, sans en empêcher longtemps « la disposition et le commerce ; sans gêner l'administra- « tion du mari, elle oppose une barrière salutaire à ses « abus. »

La conservation *de la dot* à la femme et aux enfants, tel est donc le but manifeste que le législateur a voulu atteindre. Or, la dot mobilière, si fréquente dans un temps où la fortune mobilière a reçu de si prodigieux développements, n'est-elle pas toute aussi digne d'intérêt que la dot immobilière? Pourquoi se marie-t-on sous le régime dotal? N'est-ce pas pour que *la fortune* de la femme soit plus énergiquement garantie? Le régime dotal n'est-il pas établi pour la femme qui a des meubles, comme pour la femme qui a des immeubles? L'une et l'autre ne sont-elles pas faibles? Ne sont-elles pas dignes de protection? Et qu'est-ce que la dotalité sans l'inaliénabilité? Faut-il donc priver une femme, qui a une dot mobilière considérable, d'une ressource que la loi ne refuse pas à l'apport immobilier le plus chétif? Est-il dans l'intention du père qui dote sa fille en rentes sur l'Etat que son gendre vende ces rentes et en dissipe le prix; sauf à la femme, à la dissolution du mariage, à exercer sa créance contre une succession insolvable?

Mais, nous dira-t-on peut-être, relativement aux meubles, le code s'est partout inspiré du vieux préjugé : *Vilis mobilium possessio.*

Nous reconnaissons que plusieurs dispositions de nos codes ont été inspirées par cette maxime; c'est là un fait à jamais regrettable et dont l'injustice et les inconvénients grandissent en raison directe du développement étonnant de la fortune mobilière. Mais, précisément parce qu'il y a là une faute, nous pensons qu'il ne faut pas croire, surtout en l'absence d'un texte, que les rédacteurs se soient toujours inspirés de cette maxime.

V. Le système que nous défendons a reçu, suivant nous, une nouvelle confirmation dans la loi de 1855. L'art. 9 de cette loi s'exprime ainsi : « Dans les cas où les femmes

« peuvent céder leur hypothèque légale ou y renoncer, « cette cession ou cette renonciation doit être faite... etc. » Cette loi semble donc bien supposer que, sous le régime dotal, la femme ne peut jamais céder son hypothèque légale ni y renoncer. Nous pensons que l'intention du législateur, en rédigeant cet article 9, a été de trancher la grande question de la condition de la dot mobilière.

Nous pensons donc que la dot mobilière est inaliénable. Mais quelle sera la durée de cette inaliénabilité? Continuera-t-elle même après la séparation de biens?

Les partisans du système de l'aliénabilité absolue de la dot mobilière pensent que, la séparation des biens faisant cesser toute espèce de droits du mari sur la dot mobilière, la femme reprend par là même la libre disposition de cet dot.

La jurisprudence, au contraire, bien qu'elle décide que la dot mobilière absolument inaliénable par la femme est à la libre disposition du mari, n'accorde pas à la femme séparée la libre disposition de cette dot (1). Cette solution est peu logique. N'est-il pas évident, en effet, que les meubles dotaux, dans le système de la jurisprudence, n'étant pas inaliénables par le régime dotal, ne peuvent l'être par le régime de séparation de biens, quand ce régime vient s'ajouter au premier? Quel est l'effet de la séparation? N'est-ce pas de faire revenir à la femme les différents droits que le régime dotal conférait au mari? Si la Cour de cassation était logique, elle devrait donc accorder à la femme, après la séparation, la libre disposition de ses meubles dotaux, puisqu'elle accorde au mari cette libre

(1) Cassat., 23 décembre 1839, 14 novembre 1846, 31 janvier 1842, 7 février 1843.

disposition avant la séparation. Mais non, elle préfère arriver à ce résultat véritablement étrange que la séparation de biens, qui devrait seulement modifier la capacité des personnes, crée l'inaliénabilité d'un bien. Aussi les partisans de l'aliénabilité absolue signalent-ils avec complaisance cette contradiction énorme (1). »

Pour nous, qui croyons fermement que, sous le code Napoléon, la dot mobilière est absolument inaliénable, en dehors des droits et des devoirs de l'administration du mari (art. 1549), nous pensons (et en cela nous sommes logique) que la séparation de biens ne fait pas cesser l'inaliénabilité de la dot mobilière. De même que nous décidons, avec la doctrine et la jurisprudence, qu'après la séparation de biens le fonds dotal reste inaliénable, de même nous croyons que la loi a voulu continuer cette protection à la dot mobilière.

Nous pensons donc que la femme séparée de biens ne pourra disposer de sa dot mobilière, que comme son mari lui-même pouvait en disposer, c'est-à-dire dans les limites d'une bonne administration.

Résumons en quelques mots notre système :

La dot mobilière est inaliénable.

Elle est absolument inaliénable par la femme avant la séparation de biens.

Elle est inaliénable par la femme après la séparation de biens, en dehors des devoirs d'une bonne administration.

Elle est inaliénable par le mari, en dehors des droits et des devoirs d'une bonne administration.

(1) Troplong, *Contr. de m.*, n° 3258.

Faite en dehors de cette limite, l'aliénation sera nulle. La femme pourra revendiquer; mais sa revendication sera paralysée par la règle : *en fait de meubles, possession vaut titre*, s'il s'agit de meubles corporels. S'il s'agit au contraire de meubles incorporels, la revendication sera possible toutes les fois que l'aliénation qui en aura été faite ne pourra être considérée comme un acte de bonne et loyale administration (1).

(1) Autorités : Aliénabilité absolue : Toullier, t. XIV, nº 176. — Duranton, t. XV, nºs 542 et suiv. — Vazeille, *Du mar.*, t. II, nº 320. — Zachariæ, t. III, § 537. — Marcadé, art. 1554, nº 2. — Id., *Revue critique*, t. I, p. 602 et 622 ; t. II, pp. 206 et 458. — Troplong, *Hypoth.*, nº 923. — Id., *Contr. de m.*, t. IV, nºs 3225 et suiv. — Mourlon, *Répét. écr.*, 3e ex., p. 113.

Inaliénabilité : Delvincourt, t. III, p. 110. — Dalloz, t. X et XIV. — Tessier, t. I, p. 288. — Grenier, *Hyp.*, t. I, nº 34. — Dupin, *Journal du palais*, t. II, 1839, pp. 105 et suiv. — Nicias Gaillard, *Journal du palais*, 1837, t. II, pp. 301 et suiv. — Paul Pont, *Journal du palais*, 1852, t. II, p. 513.

Un des plus illustres professeurs de la Faculté de droit de Paris, M. Valette, a adopté et professé, à son cours de cette année (1860-61), le système de l'inaliénabilité de la dot mobilière.

CHAPITRE IV.

DES EXCEPTIONS AU PRINCIPE DE L'INALIÉNABILITÉ DE LA DOT (Art. 1555, 1556, 1558, 1559).

Les inconvénients considérables, qui résultent de l'admission dans le code Napoléon du principe de l'inaliénabilité de la dot, ont forcé le législateur à apporter ou à permettre d'apporter à ce principe un grand nombre de restrictions. Ces restrictions ont deux caractères très-distincts. Tantôt elles se présentent sous la forme d'exceptions à l'inaliénabilité de la dot, tantôt elles consistent dans la suppression même de cette inaliénabilité. Dans le premier cas, le fonds dotal ne peut être aliéné que dans certaines circonstances limitativement déterminées par la loi ; dans le second cas, il peut toujours être aliéné, puisque la clause même d'aliénabilité est insérée dans le contrat. Exceptions à l'inaliénabilité et suppression de l'inaliénabilité sont donc deux idées profondément distinctes ; aussi croyons-nous devoir les traiter dans deux chapitres différents.

SECTION I.

La dot peut être aliénée pour l'établissement des enfants que la femme a eus d'un précédent mariage, et pour l'établissement des enfants communs (art. 1555, 1556).

Nous trouvons cette première exception dans les deux articles suivants :

Art. 1555. « La femme peut, avec l'autorisation de son « mari, ou, sur son refus, avec permission de justice, « donner ses biens dotaux pour l'établissement des enfants « qu'elle aurait d'un mariage antérieur ; mais, si elle n'est « autorisée que par justice, elle doit réserver la jouissance « à son mari. »

Art. 1556. « Elle peut aussi, avec l'autorisation de son « mari, donner ses biens dotaux pour l'établissement de « leurs enfants communs. »

L'établissement des enfants, quoique non obligatoire dans nos lois, puisque le code a consacré la maxime : *Ne dote qui ne veut,* est néanmoins très-favorable. Toutes les législations ont cherché à l'encourager. Pour cette cause, le droit romain relevait la femme de l'incapacité particulière qui la frappait en vertu du S. C. Velleien (1). Dans une hypothèse aussi intéressante, le législateur français a donc dû faire céder le principe de l'inaliénabilité de la dot.

Le code distingue deux cas : le premier, lorsque la mère pourvoit à l'établissement des enfants de son premier lit ; le second, quand elle pourvoit à l'établissement des enfants communs. Il y a seulement cette différence entre les deux cas que, pour les enfants d'un premier lit, l'autorisation nécessaire à la femme peut, sur le refus du mari, qui n'est ici qu'un beau-père, et qui pourrait user de malveillance à leur égard, être accordée par la justice, sauf qu'il faudra réserver alors l'usufruit du mari, tandis que, pour un enfant commun aux deux époux, l'autorisation de la justice ne peut remplacer celle du mari, la loi pré-

(1) Loi 12, c. *Ad S. C. Vell.*

sumant avec raison que si un père se refuse à un sacrifice pour l'établissement de son enfant, c'est qu'il a de bonnes raisons de le faire. Aux yeux du législateur, l'amour paternel est une garantie suffisante (1).

Sous le nom d'enfants, l'art. 1556 comprend aussi les petits-enfants. Déjà un jurisconsulte romain avait dit : *Liberorum appellatione nepotes et pronepotes cæterique qui ex his descendunt continentur* (2). Cette idée, selon nous, devrait être appliquée même au cas où l'enfant du premier degré serait encore vivant ; car le but de la loi a été de donner aux époux le moyen de faire prospérer la famille jusque dans ses rameaux les plus éloignés (3).

Quel est le sens du mot *établissement?* Il est certain que le législateur n'a pas voulu seulement parler de l'établissement par mariage, mais qu'il a entendu parler de toute espèce d'établissement, c'est-à-dire de tout ce qui peut donner à l'enfant une position dans le monde, de tout ce qui peut ouvrir ou assurer sa carrière (4). L'achat d'un office ministériel, d'un fonds de commerce, serait un motif suffisant pour autoriser la vente du fonds dotal. La vente de ce fonds, consentie pour libérer l'enfant du service militaire, serait également valable (5).

Nos articles permettent à la femme de *donner* ses biens dotaux ; il faut bien se garder de croire que ce mot doive s'entendre restrictivement et dans le sens d'une donation faite en nature. « Quand il s'agit, dit très-bien M. Mar-

(1) Limoges, 2 septembre 1835. — *Contra* : Toullier, Duranton, Delvincourt.

(2) Loi 220, Dig., *De verb. signif.*

(3) Troplong, nº 3349.

(4) Bordeaux, 31 août 1840.

(5) Caen, 21 juin 1844.—Rouen, 25 février 1828.—Cassat., 9 avril 1838.

« cadé, de procurer à un jeune homme un office ministé-
« riel ou un fonds de commerce, pourquoi la loi eût-elle « exigé que la mère, au lieu de vendre elle-même une « ferme pour payer l'objet, fît donation de la ferme à son « fils, afin que celui-ci la vendît ensuite? A quoi bon ce « circuit, et pourquoi faire payer deux fois le droit de « mutation de l'immeuble? » Pour remplir la destination de nos articles, la femme peut, suivant nous, s'obliger et hypothéquer ses biens dotaux, car il est souvent beaucoup plus avantageux d'hypothéquer ou d'emprunter que de vendre (1). Elle peut aussi céder son hypothèque légale ou y renoncer (2).

Ajoutons, pour terminer sur ce point, que dans tous les cas, pour que l'aliénation soit valable, il faut qu'elle ait été faite de bonne foi, qu'il s'agisse bien réellement de l'établissement de l'enfant, et que les époux n'aient pas eu pour but de tourner et de violer le principe de l'inaliénabilité de la dot (3).

SECTION II.

La dot peut être aliénée pour tirer de prison le mari ou la femme. (Art. 1558, 1°.)

L'art. 1558, dans son premier alinéa, permet d'aliéner l'immeuble dotal « pour tirer de prison le mari ou la femme. » Cette exception à l'inaliénabilité de la dot comprend aussi le cas où il s'agit de racheter l'un des époux

(1) V. le remarquable arrêt de la Cour de cassat., req., 1er avril 1845. Cet arrêt a été rédigé par M. Troplong.

(2) Nîmes, 30 avril 1848

(3) Cassat., 7 juillet 1830.

captif chez les barbares, et le cas où il faut payer une rançon pour que le mari, prisonnier de guerre, puisse recouvrer la liberté (1). Rien de plus juste, au reste, que cette restriction à l'inaliénabilité. La liberté est le premier des biens. Il importe d'ailleurs à la famille qu'elle ne soit pas privée d'un de ses membres.

Et peu importe aujourd'hui quelle est la cause de l'emprisonnement. Souvent, dans l'ancien droit, on distinguait entre la prison pour dettes civiles et la prison pour dettes de délit (2) ; mais aujourd'hui tout le monde s'accorde à dire que cette distinction ne doit plus être faite, l'absence du mari ou de la femme apportant, dans les deux cas, la même perturbation dans les affaires du ménage. L'aliénation pourra donc être autorisée par la justice, que l'emprisonnement ait eu lieu *ex causa civili et pro debito vel ex causa delicti*. En présence des termes généraux de l'art. 1558, nous devons même décider que l'aliénation pourrait être autorisée pour tirer le mari de prison, quand même, à raison de la nature de la dette, il aurait moyen d'obtenir sa liberté en faisant cession de biens. Ce remède, en effet, est un remède extrême, qui peut nuire non-seulement à la considération, mais encore à l'intérêt de la famille, car la cession de biens entraîne des lenteurs et l'intérêt de la famille exige que son chef lui soit rendu le plus tôt possible.

Il peut arriver que l'un des époux soit menacé de la contrainte par corps ; qu'il soit, par exemple, poursuivi par un créancier qui demande l'exécution d'une obligation qui emporte cette contrainte ; dans ce cas le fonds dotal

(1) Ordonn. de la marine, t. VI, liv. 3, art. 12.
(2) Tessier, note 633.

pourra-t-il être aliéné pour empêcher l'emprisonnement? La dot, en un mot, est-elle aliénable pour prévenir et non pas seulement pour faire cesser l'emprisonnement ? Cette question est controversée.

Dans un premier système on soutient que, dans l'intérêt de la famille, mille fois mieux vaut prévenir un emprisonnement imminent que d'attendre que cet emprisonnement soit un fait accompli. De vieux auteurs l'entendaient ainsi ; c'était, par exemple, l'opinion de Deluca : *Evitandi dedecus quod ex ipsa carceratione resultat*. Que les tribunaux apportent toute la circonspection possible, disent ces auteurs, dans l'examen de la demande; mais qu'ils ne fassent pas de ce fait que la condamnation n'a pas encore été prononcée une fin de non-recevoir insurmontable (1).

Nous ne pouvons adopter ce système; car il est contraire au texte et à l'esprit de la loi. Aux termes de l'art. 1554, les biens qui constituent la dot d'une femme mariée sous le régime dotal sont en principe inaliénables. Cette disposition est une disposition absolue qui ne souffre d'exceptions que celles qui ont été expressément admises par les art. 1555, 1556, 1557, 1558, 1559 ; or, les termes de l'art. 1558 : « pour *tirer* de prison le mari ou la femme » montrent clairement que les craintes de voir la liberté du mari compromise, craintes plus ou moins fondées et qui peuvent ne jamais se réaliser, n'ont pas été considérées par le législateur comme des causes suffisantes pour porter atteinte au principe de l'inaliénabilité de la dot. C'était là l'interprétation que donnait Basnage sur l'art. 541 de la coutume de Normandie, et l'Ordonnance de la marine

(1) Pont et Rodière, t. II, nº 513.

employait aussi ces expressions : « pour *tirer* d'esclavage. »

Remarquons, en outre, que le système contraire est excessivement dangereux. L'inaliénabilité est une entrave dont les époux tôt ou tard finissent par sentir le poids ; de là des collusions, de là des fraudes pour écarter cette entrave ; et l'on comprend facilement combien ces fraudes seraient faciles, si l'on permettait l'aliénation du fonds dotal alors qu'il n'y aurait contre le mari que des titres exécutoires (1).

Cette exception à l'inaliénabilité de la dot est entièrement subordonnée à l'appréciation des tribunaux. Ainsi, si l'emprisonnement ne devait durer que quelques jours, il est probable que la justice n'autoriserait pas la vente. Il en serait de même si le mari était un dissipateur incorrigible, car alors, lui rendre la liberté, ce serait souvent faire à la famille plus de mal que de bien (2).

Il n'y a pas lieu seulement à l'aliénation de l'immeuble dotal pour tirer de prison le mari ou la femme; l'hypothèque de l'immeuble ou l'aliénation de la dot mobilière peuvent être autorisées par la justice pour la même cause.

Pour que la justice autorise l'aliénation de l'immeuble dotal pour tirer de prison le mari ou la femme, est-il nécessaire que l'époux, qui jouit de la liberté, donne son consentement à cette aliénation? Il faut distinguer selon qu'il s'agit du mari ou de la femme. Est-ce le mari qui est en prison? Evidemment le consentement de la femme sera nécessaire; car la loi ne lui impose pas le sacrifice de sa

(1) Toullier, t. XIV, p. 199. — Merlin, *Répert.*, V. Dot, § 8. — Duranton, t. XV, n° 509.— Zachariæ, t. III, p. 588. — Troplong, n° 3441. — Cassat., 26 avril 1842.

(2) Cassat., 26 avril 1842.

propriété pour tirer de prison son mari. Est-ce, au contraire la femme qui subit l'emprisonnement? Quelque désir qu'éprouve le mari de la laisser en prison, elle pourra recouvrer sa liberté en obtenant de la justice l'autorisation d'aliéner; seulement (arg. d'analog. de 1424) elle devra respecter la jouissance du mari.

Si l'argent provenant de l'aliénation du fonds dotal a servi à payer les dettes du mari, comme c'est un principe de justice que nul ne doit s'enrichir aux dépens d'autrui, si le mari revient à meilleure fortune, il devra indemniser la femme, comme le disait très-bien l'art. 541 de la coutume de Normandie, de ce qu'elle a déboursé pour lui.

SECTION III.

La dot peut être aliénée pour cause d'aliments (Art. 1558 2°.)

Aux termes du second alinéa de l'art. 1558 la dot peut être aliénée : « pour fournir des aliments à la famille dans « les cas prévus par les art. 203, 205 et 206 au titre du « mariage. » Tous les auteurs remarquent que cette exception s'applique, à plus forte raison, au cas où il s'agit de procurer des aliments aux époux eux-mêmes, ou aux enfants issus du mariage. Nous pensons qu'il en devrait être de même au cas où la femme voudrait fournir des aliments à un enfant qu'elle aurait eu d'un précédent mariage, ou même à un enfant adoptif (art. 349).

Avant de conserver, il faut vivre. Cette exception est donc une des plus justes qu'il soit possible d'apporter au principe de l'inaliénabilité. « Si la loi, dit très-bien « M. Troplong, défendait aux époux, pressés par la faim,

« d'entamer la dot, dans ce cas extrême, ce serait leur « faire éprouver l'affreux supplice de Tantale et réduire la « dot à une vaine abstraction. » L'aliénation du fonds dotal pour cause d'aliments répond donc à la véritable destination de la dot.

Que faut-il entendre par *aliments?* Tout le monde s'accorde à dire qu'il faut comprendre dans ce mot tout ce qui est nécessaire aux besoins de la vie : d'abord la nourriture, puis le logement, le vêtement, les remèdes dans les maladies, l'éducation des enfants (1).

Lors même qu'il s'agirait d'aliments consommés, la justice peut et doit autoriser la vente du bien dotal. Il suffit pour cela que la dette ait le caractère alimentaire, et qu'elle ait été commandée par la nécessité. Décider autrement ce serait priver la famille de tout crédit (2). Nous pensons même que la justice devrait autoriser la vente de l'immeuble dotal pour payer de petites dettes arriérées qui auraient eu pour cause des aliments, et qui auraient été contractées par des ascendants auxquels les époux devaient déjà une pension alimentaire.

Ici la fraude sera peu à craindre. Néanmoins, il est arrivé quelquefois que la justice a chargé un tiers, un avoué, par exemple, de veiller à l'emploi des sommes dotales destinées à payer les aliments (3).

La femme a-t-elle un recours contre son mari lorsque l'immeuble dotal ou le capital de la dot a été aliéné pour cause d'aliments? La coutume de Normandie plaçait notre

(1) Tessier, p. 418. — Rouen, 26 mai 1840. — Caen, 27 janvier 1843, 7 mars 1845. — Nîmes, 26 juillet 1853. — Troplong, t. IV, § 3450. — Demolombe, t. IV, 4, 5.

(2) Cassat., req., 3 mai 1842.

(3) Caen, 27 janvier 1843.

exception dans la même énumération que l'exception que nous avons étudiée dans le paragraphe précédent, et elle ajoutait : « sauf le recours de la femme sur les biens du « mari, au cas où il parviendrait à meilleure fortune ; » indiquant clairement par là que cette disposition finale de l'art. 541 devait s'appliquer également à l'une et à l'autre hypothèse. Ce principe doit-il encore être suivi aujourd'hui ?

L'obligation de fournir les ressources nécessaires aux besoins du ménage appartient, sans doute, en principe au mari ; mais, quand le mari se trouve sans ressources et que la femme en a, l'obligation devient celle de la femme, et, lorsque celle-ci fournit des aliments à la famille sur sa dot, c'est sa propre dette qu'elle acquitte. Nous pensons donc que le mari ou ses héritiers, lors du compte des reprises dotales à la dissolution du mariage, ne seraient pas responsables des valeurs consommées. La pénurie est une force majeure qui a fait périr le capital dotal, et la force majeure décharge le mari de toute recherche et de toute responsabilité (1).

SECTION IV.

La dot peut être aliénée pour le paiement des dettes de la femme ou du constituant (art. 1558 4°).

L'art. 1558, dans son troisième paragraphe, nous indique une quatrième exception au principe de l'inaliénabilité : « pour payer les dettes de la femme ou de ceux qui « ont constitué la dot, lorsque ces dettes ont une date cer-

(1) Troplong, n° 3155.

« taine antérieure au contrat de mariage. » L'explication de cette exception est excessivement difficile.

1. Et d'abord, de quelles dettes s'agit-il? L'aliénation pourrait-elle être autorisée pour le paiement des dettes contractées par la femme après le contrat de mariage, mais ayant date certaine antérieurement à la célébration du mariage? La question est controversée :

On prétend dans un système que la rédaction de l'article 1558 est une erreur, une distraction comme celle de l'article 2194. On invoque l'article 1409 qui met à la charge de la communauté toutes les dettes contractées *avant le mariage* (1).

Mais cette opinion est inadmissible. Le texte de l'article 1558 est formel; il ne parle que des dettes antérieures au contrat, et c'est par trop arbitraire que de supposer qu'il y a là une erreur de rédaction. Remarquons bien de plus que la décision de la loi est la seule qui soit véritablement rationnelle. Car comment supposer que le législateur ait voulu laisser à la femme le moyen de rendre sa constitution de dot inutile? Il faut sauvegarder l'intérêt du mari; il ne faut pas, dans l'intérêt de la femme elle-même, qu'après avoir cru épouser une femme sans dettes, il découvre après coup des dettes énormes. Non, le législateur n'a pas pu laisser à la femme le moyen d'altérer et même d'anéantir sa constitution de dot, et de tromper gravement son mari. S'il en est autrement sous le régime de la communauté, c'est que, sous ce régime : *qui épouse la femme, épouse les dettes*, et qu'il y a une fusion presque totale des droits actifs et passifs des

(1) Bellot, t. IV, p. 407. — Toullier, t. XIV, p. 340.

époux, fusion qui est de tout point étrangère au régime dotal (1).

Après avoir tranché cette question préliminaire, entrons dans l'exposé même de notre exception.

Rappelons d'abord quelques principes : 1° une aliénation entre vifs ne peut nuire au créancier qui avait hypothèque sur le bien aliéné ; l'hypothèque étant un droit réel confère un droit de suite qui frappe l'immeuble en quelques mains qu'il passe ; 2° toutes les fois qu'on aliène un ensemble de biens, on est censé être tacitement convenu avec l'acquéreur qu'il paiera les dettes de l'aliénateur ; l'aliénateur reste sans doute tenu de ses dettes vis-à-vis de ses créanciers, car l'aliénation est *res inter alios acta,* mais ceux-ci peuvent s'attaquer à l'acquéreur et exercer contre lui le droit que l'aliénateur a d'être déchargé ; 3° si l'aliénation a lieu à titre particulier, les créanciers chirographaires n'ont le droit de se plaindre qu'à une seule condition, qu'à la condition d'établir la fraude de leur débiteur (art. 1167). S'ils parviennent à établir cette fraude, ils font révoquer l'aliénation entre les mains du tiers acquéreur, en établissant sa complicité, s'il est acquéreur à titre onéreux ; complice ou non, s'il est donataire. Voilà les principes.

Quand donc notre article 1558 permet d'aliéner le fonds dotal pour le paiement des dettes, il faut bien se garder de croire que c'est sur la demande des créanciers que cette permission sera donnée par le tribunal. En effet, de deux choses l'une : ou ces créanciers antérieurs au mariage ont

(1) Duranton, t. XV, n° 514. — Tessier, note 638. — Troplong, 3468. — Montpellier, 7 janvier 1830.

conservé, malgré la constitution de dot, le droit de poursuivre la femme, ou ils ne l'ont pas conservé. L'ont-ils conservé? inutile qu'ils demandent au tribunal la permission d'aliéner. L'ont-ils perdu? le tribunal ne peut leur accorder évidemment ce que leur refuse la loi. Ce n'est donc jamais aux créanciers, mais c'est aux époux, que le tribunal accordera la permission d'aliéner.

Mais dans quel cas les créanciers auront-ils, malgré la constitution de dot, conservé le droit de poursuite?

Il ne peut y avoir de doute dans les trois cas suivants :

1° Si la femme a fait une constitution de dot universelle ; car, comme nous l'avons dit, une universalité ne se comprend que déduction faite des dettes. *Non plus esse in promissione bonorum quam quod superest deducto ære alieno* (1). Les créanciers pourront poursuivre, et le mari devra souffrir la déduction des dettes comme tout usufruitier universel ou à titre universel.

2° Si la femme a constitué en dot un immeuble grevé d'hypothèque au profit du créancier ; car l'inaliénabilité qui frappe postérieurement l'immeuble ne peut faire obstacle à l'exercice de l'hypothèque.

3° Si la femme ayant fait une constitution de dot individuelle, le créancier chirographaire parvient à établir que cette constitution a été faite en fraude de ses droits. Ici encore le créancier peut poursuivre. Mais la constitution de dot étant un acte à titre onéreux vis-à-vis du mari, pour pouvoir saisir la pleine propriété de l'immeuble, il devra prouver la complicité du mari.

Il est donc incontestable que, dans ces trois cas, le créan-

(1) Loi 72, *De jur. dot.*

cier a conservé le droit de poursuivre l'exécution de l'obligation sur le fonds dotal. Pour désintéresser son créancier, la femme, dans ces trois cas, peut, il est vrai, demander à la justice l'autorisation de vendre le fonds dotal; mais c'est uniquement pour prévenir ses poursuites. L'aliénation immédiate évitera les frais considérables qu'entraîne toute saisie immobilière.

Mais si nous supposons que la femme s'est constitué en dot des biens à titre particulier, sans fraude, c'est-à-dire n'étant pas insolvable, ou l'étant, mais ne le sachant pas, lesquels biens ne sont pas hypothéqués à la dette, le créancier a-t-il, malgré la constitution de dot, conservé le droit de poursuite? Le sens de l'article 1558, § 3, est-il que la constitution de dot ne nuit jamais aux créanciers chirographaires antérieurs au contrat de mariage? Il est bien certain que ce créancier ne pourra pas saisir la jouissance, car cette jouissance est sortie du patrimoine de sa débitrice; mais, quant à la nue propriété, la question est controversée.

Dans un premier système, on raisonne ainsi : s'il s'agissait d'aliénation, sans doute le créancier aurait perdu son droit de poursuite, car, en dehors du cas de l'article 1167, les créanciers chirographaires n'ont pas d'action contre les tiers acquéreurs. Mais la constitution de dot n'est pas une aliénation. Quand on constitue une dot, on consacre tel ou tel bien aux charges du ménage. Qui en profite? Le mari? Nullement; mais bien un être d'abstraction : le ménage. Il y a donc là non pas une aliénation, mais une affectation. La femme reste propriétaire et le créancier peut saisir (2093). L'article 1558 3° n'a donc d'autre but que de permettre à la femme de demander l'autorisation d'aliéner pour prévenir une saisie toujours imminente, malgré la constitution de dot (1).

Mais, dans un second système, on répond : tout propriétaire est maître de disposer de sa chose : or, aux termes de la loi, le patrimoine de la femme se divise en deux parties : 1° les paraphernaux, biens disponibles et saisissables; 2° les biens dotaux, inaliénables et insaisissables. La femme qui est propriétaire peut valablement, lorsqu'elle agit sans fraude, faire passer un bien d'une catégorie dans l'autre, et quand ce bien est ainsi passé dans la partie du patrimoine qui est inaliénable, le créancier ne peut pas plus l'exproprier que s'il était passé dans le patrimoine d'un tiers. L'immeuble est valablement et définitivement sorti du patrimoine libre et saisissable de la femme. Pourquoi le créancier n'a-t-il pas exigé que la femme lui consentît une hypothèque? C'est à lui seul qu'il doit s'en prendre s'il a perdu son droit de poursuite sur le fonds constitué en dot.

Dans ce système, que nous croyons devoir adopter, quel est donc le sens de l'art. 1558? Que les créanciers de la femme antérieurs à la célébration aient oui ou non conservé le droit d'agir, la femme, dans tous les cas, pourra demander au tribunal l'autorisation d'aliéner. Ce n'est donc pas seulement pour prévenir une saisie que cette autorisation pourra être accordée ; c'est encore pour désintéresser un créancier qui n'a plus le droit de saisir. L'art. 1558 3° tranche donc une question de délicatesse, de moralité, plutôt qu'une question de droit. Il permet à

(1) Tessier, note 642. — Duranton, t. XV, 512. — Pont et Rodière (11, 518). — Troplong, n° 3461.

la femme de payer ses créanciers, bien qu'elle puisse en droit ne pas les désintéresser (1).

II. — Mais ce n'est pas seulement pour payer les dettes de la femme que l'aliénation de la dot peut être demandée à la justice, c'est encore pour le paiement des dettes de ceux qui ont constitué la dot.

Si le constituant a constitué la dot à titre universel, cette constitution ne peut avoir lieu qu'avec la charge des dettes. Si la constitution a eu lieu à titre particulier, mais que le constituant ait donné des immeubles hypothéqués, l'immeuble passe aux époux grevé de l'hypothèque (2114). Enfin, si le constituant a constitué à titre particulier, mais en fraude de ses créanciers, on pourra faire révoquer l'aliénation (1167).

Dans tous ces cas les créanciers ont contre les époux le droit de poursuite; nul doute donc que les époux, pour les désintéresser et prévenir une saisie, ne puissent demander à la justice l'autorisation de vendre.

Reste ce point : En supposant qu'il n'y ait ni constitution à titre universel, ni hypothèque, ni fraude, la justice pourrait-elle autoriser la vente de l'immeuble pour payer des dettes des constituants? Ici nul doute que la constitution de dot ne soit une aliénation réelle entre le constituant et la femme. Les créanciers chirographaires du vendeur n'ont donc rien à réclamer, et leur droit de saisie est définitivement perdu. Mais la justice pourrait autoriser l'aliénation pour les désintéresser. Nous pensons même que c'est précisément ce cas pour lequel a été rédigé le 3° de l'art. 1558. Il y aurait, en effet, quelque chose de scandaleux pour la

(1) Marcadé, t. VI, p. 73. — Cours de M. Oudot. — Cours de M. Duverger.

femme à avoir entre les mains des biens d'un parent qui n'a pu payer ses dettes. La morale exige que ces dettes soient payées. « Tout ici, dit très-bien un auteur, le soin de sa réputation, l'intérêt bien entendu de ses enfants, tout commande à la femme de désintéresser le créancier, et la loi devait dès lors lui en offrir le moyen. » Nous pensons donc que ce n'est point seulement au cas où il s'agit de prévenir une saisie imminente, que notre article permet à la justice d'accorder la faculté d'aliéner pour désintéresser les créanciers ; mais que c'est encore au cas où, aucune saisie n'étant à craindre, il y a par le paiement des dettes un devoir de morale et de convenance à accomplir. La généralité des termes de l'article nous permet cette large interprétation.

Avant d'autoriser l'aliénation du fonds dotal le juge devra vérifier si la femme n'a pas d'autres ressources, soit par les revenus de sa dot, soit par les paraphernaux. La justice doit intervenir pour voir s'il n'y a point collusion entre les époux, si la dette existe réellement, si l'accomplissement d'un devoir de délicatesse ne porterait point un préjudice irréparable à l'intérêt de la famille, intérêt sacré aux yeux du législateur.

Il faut que les dettes aient date certaine antérieure au contrat de mariage. La date certaine est ordinairement exigée dans l'intérêt des tiers ; ces tiers sont ici : la famille, les enfants, la société qui est intéressée a ce que la famille conserve quelques ressources. On a voulu éviter toute collusion, toute antidate. A la différence du cas où la femme est mariée en communauté (art. 1420), les créanciers de la femme mariée sous le régime dotal et dont les créances antérieures au mariage n'ont pas acquis date certaine lors de la célébration, ne peuvent poursuivre, pendant le mariage, leur paiement, même sur la nue propriété des immeubles dotaux, mais cela tient à ce que ces immeubles étant inaliénables pendant le mariage, on ne pouvait pas laisser à la femme le pouvoir de les aliéner indirectement par des obligations antidatées.

Ce paragraphe de l'art. 1568 n'est pas absolument limitatif ; il reçoit quelques extensions forcées. Ainsi, il n'est pas applicable en ce qui concerne l'époque des dettes, quand il s'agit d'une succession qui écheoit à la femme pendant le mariage, et qui devient dotale (la femme s'étant constitué en dot tous ses biens présents et à venir). La femme doit payer les dettes de cette succession, et il n'est pas nécessaire qu'elles aient date certaine antérieure au mariage. Il y a là, comme on l'a très-bien dit, une liquidation nécessaire.

Il faudrait encore vendre des objets de cette succession . des immeubles, par exemple, s'il n'y a que des immeubles, pour payer les droits de mutation. Ces droits peuvent être énormes, l'enregistrement n'admettant pas la déduction des charges.

SECTION V.

La dot peut être aliénée pour faire des réparations. (Art. 1558 4°).

Le quatrième paragraphe de l'art. 1558 permet encore l'aliénation de la dot : « pour faire de grosses réparations indispensables pour la conservation de l'immeuble dotal. »

Cette exception se justifie d'elle-même. Il vaut mieux vendre en effet une partie de l'immeuble, et conserver le surplus, que de voir cet immeuble périr en totalité. Il y a là une aliénation nécessaire. Non-seulement, pour faire ces réparations, les époux pourraient demander au tribunal l'autorisation de vendre une portion du fonds dotal, mais ils pourraient encore, en présentant au tribunal un devis fait par un architecte qui constaterait qu'il y a de grosses réparations à faire, et que ces réparations s'élèveront à une somme de..., demander l'autorisation d'emprunter sur hypothèque jusqu'à concurrence de cette somme. Pour une dépense de 7 ou 8,000 fr., il serait fâcheux en effet de vendre un immeuble de 100,000 fr., par exemple.

Mais, pour que la vente ou l'emprunt sur hypothèque puissent être autorisés par le tribunal, il faut que la réparation soit *indispensable*, et qu'il s'agisse de *grosses réparations*. Les réparations de pur entretien, quelque élevé que soit le chiffre de la dépense, ne seraient donc pas de nature à autoriser la vente ou l'emprunt; car ces réparations sont charges de la jouissance.

S'il s'agit d'une réparation tellement indispensable, tellement urgente qu'il n'y ait pas possibilité d'attendre la décision du tribunal, les époux pourront commencer les travaux, et quand même ces travaux seraient, au moment où le tribunal rendra sa décision, entièrement terminés, le tribunal devrait encore, pourvu que les époux aient agi de bonne foi, et sous l'empire d'une nécessité évidente, autoriser l'aliénation ou l'emprunt sur hypothèque (1).

On a reconnu en pratique que les dispositions de notre alinéa doivent être étendues au cas où il s'agit de faire des dépenses pour protéger l'immeuble, bien que ces dépenses n'aient pas pour but, à proprement parler, une répara-

(1) Rouen, 15 avril 1842.

tion. Telles sont, par exemple, les dépenses nécessitées par la *construction* d'une digue, sans laquelle le fonds dotal serait infailliblement submergé; telles sont encore les dépenses nécessaires pour la réussite d'un procès. Ainsi, dans le cas où le mari a un procès à soutenir pour le recouvrement ou la conservation d'une partie de la dot, si d'ailleurs il n'a pas d'autres ressources, les juges peuvent l'autoriser à aliéner une autre partie de la dot, afin que, par là, il puisse se procurer l'argent nécessaire pour suivre ce procès.

SECTION VI.

Le fonds dotal indivis avec des tiers, s'il est reconnu impartageable, peut être licité (Art. 1558 5°).

Cette sixième exception au principe de l'inaliénabilité de la dot se trouve consacrée en ces termes dans notre article 1558 5° « L'immeuble dotal peut encore être aliéné... lorsque cet immeuble se trouve indivis avec des tiers, et qu'il est reconnu impartageable. »

Il y a encore ici un cas d'*alienatio necessaria*. Il importe à l'ordre public, en effet, que nul ne demeure contre son gré dans l'indivision.

Si le partage amiable et en nature était possible, quelles que soient les personnes qui le provoquent (les tiers copropriétaires ou les époux), il pourrait s'effectuer sans autorisation de justice. C'est du moins la décision que nous avons cru devoir adopter dans notre chapitre 2, nous fondant sur les termes généraux de l'article 819 et sur le grand principe de l'article 883.

La licitation suppose donc que le fonds dotal est impartageable et qu'il y a nécessité de le vendre afin que chacun des copropriétaires vienne prendre une part du prix. La justice devra constater si l'immeuble est véritablement impartageable, et ce n'est que lorsqu'elle aura constaté que l'immeuble n'est pas susceptible d'être divisé matériellement, qu'elle permettra la licitation. Puis, la licitation étant consommée, la femme viendra prendre sa part dans le prix, et cette part sera frappée de dotalité. Si la femme s'était rendue adjudicataire de l'immeuble ainsi licité, cet immeuble ne serait pas dotal pour le tout, mais seulement pour la part que la femme y avait par le contrat de mariage. Il en serait cependant autrement si la femme s'était constitué en dot tous ses biens présents et à venir.

Ces diverses exceptions au principe de l'inaliénabilité, contenues dans l'art. 1558, ont leur fondement dans la nécessité. Mais en dehors de ces besoins impérieux et de ces exigences légales, l'exception doit cesser d'avoir son effet. De là cette dernière disposition de l'art. 1558 :

« Dans tous ces cas, l'excédant du prix de la vente au-dessus des besoins reconnus restera dotal, et il en sera fait emploi comme tel au profit de la femme. »

Une disposition semblable termine l'art. 1559, qui permet l'aliénation du fonds dotal au cas d'échange.

Dans ces deux cas la loi se sert du mot *emploi*, mais en réalité il s'agit d'un remploi partiel, puisque la première dot s'évanouit et qu'il s'agit d'en établir une autre à la place.

En règle générale, ce remploi devra être fait en immeubles ; car la fortune immobilière présente infiniment plus de sûreté que la fortune mobilière. Il est incontestable cependant que si la somme à employer était si modique qu'un achat d'immeuble serait impossible ou très-désavantageux, la justice pourrait autoriser un emploi d'un autre genre, par exemple un achat de rentes sur l'Etat.

L'immeuble ainsi acquis en remploi sera évidemment dotal. On l'a contesté (1), mais à tort. Le texte est, en effet, formel, puisqu'il dit que l'excédant du prix sera *dotal*, et qu'il en sera fait emploi *comme tel*.

On a prétendu que l'obligation du remploi, prévue par la fin de notre article, ne s'appliquait que pour les quatre premiers cas de l'article, et non pour le cas de licitation. Le texte parle, en effet, de *l'excédant du prix au-dessus des besoins reconnus*, et ces expressions semblent bien omettre le cas de licitation. Mais cette idée est inadmissible. Il est clair, en effet, que si le remploi est nécessaire, même pour un simple excédant de prix, il doit l'être *a fortiori* quand c'est le prix entier qui reste aux mains des époux. Remarquons, d'ailleurs, que cette dernière disposition de l'article, par ces mots : *dans tous ces cas,* se réfère nécessairement aux cinq exceptions, et non pas seulement aux quatre premières (2).

Le remploi est-il obligatoire pour l'acheteur ou l'échangiste ? De même que nous déciderons dans le chapitre suivant que l'acheteur est responsable du remploi quand l'obligation de remploi résulte du contrat de mariage, de même ici nous devons proclamer la responsabilité de l'acheteur ou de l'échangiste. Le remploi est en effet dans nos deux articles une des conditions imposées par la loi à

(1) Tessier, t. I, p. 235 et note 401.

(2) Paris, 9 juillet 1828. — Cassat., req., 1er mars 1832.

la validité de l'aliénation, et si ces conditions ne sont pas remplies, l'acquéreur peut être évincé (1).

De nombreuses formalités sont exigées par la loi pour l'aliénation de la dot dans les cinq cas prévus par notre art. 1558. Étudions ces formalités.

Ce qu'il faut tout d'abord obtenir, c'est un jugement qui permette la vente en constatant que les époux se trouvent dans l'un des cas pour lesquels la loi l'autorise.

A quel tribunal doit-on, d'abord, s'adresser? est-ce au tribunal du domicile des époux, ou au tribunal de la situation des biens? S'il s'agit d'une dot mobilière, incontestablement on doit s'adresser au tribunal du domicile des époux, les meubles n'ayant pas de situation. Ce serait encore devant ce tribunal, suivant nous, que devrait être demandée l'autorisation d'aliéner un immeuble dotal; ce tribunal, en effet, est le seul qui soit véritablement à même d'apprécier la position des époux. La demande est formée par requête et cette requête doit toujours être communiquée au ministère public (art. 83, c. proc.).

Voilà donc le jugement qui permet l'aliénation prononcé. Mais ce jugement donnera-t-il pleine sécurité à l'acheteur. Cette question mérite une sérieuse attention.

Nul doute que, s'il ne s'agit que d'une erreur de fait, l'acquéreur ne saurait être inquiété. Le tribunal a permis la licitation du fonds dont partie est dotale, le croyant impartageable; ou bien il a permis l'aliénation d'une portion du fonds pour faire de grosses réparations, alors que ces réparations n'étaient pas nécessaires, ou pour fournir des aliments à la famille, alors que la famille avait des res-

(1) Aix, 10 février 1832.

sources cachées ; dans tous ces cas l'adjudicataire ou l'acquéreur sont à l'abri de l'éviction (1).

Mais s'il s'agissait d'une erreur de droit, il en serait autrement. Voilà, par exemple, un mari qui est sur le point d'être emprisonné pour dettes; on demande au tribunal l'autorisation d'aliéner le fonds dotal pour prévenir l'incarcération, et le tribunal l'accorde ; la cour confirme ; si la Cour de cassation, comme elle le doit, puisque le texte de la loi a été violé (2), casse l'arrêt, l'acquéreur du fonds dotal pourra être évincé. *Nemo jus ignorare censetur.* Le tiers a dû savoir que le jugement violait le principe de l'art. 1554, puisqu'il permettait l'aliénation en dehors des cas formellement prévus par l'art. 1558 (3).

Le jugement d'autorisation étant ainsi obtenu, d'autres formalités sont exigées par la loi. Ces formalités sont contenues, partie dans l'article 1558, partie dans l'article 997 du code de procédure, révisé par la loi du 2 juin 1841. L'article 1558 dispose que l'aliénation ne peut se faire qu'avec permission de justice et aux enchères, après trois affiches. L'article 997 du code de procédure s'exprime ainsi : « Lorsqu'il y aura lieu de vendre des immeubles dotaux dans les cas prévus par l'article 1558 du code civil, la vente sera préalablement autorisée sur requête, par jugement rendu en audience publique. Seront, au surplus, applicables les articles 955, 956 et suivants du titre *de la vente des biens immeubles appartenant à des mineurs.* » L'article 959 n'exigeant pour cette dernière vente qu'une seule apposition d'affiches, il faut en conclure que l'ar-

(1) Cassat., 17 mars 1847.

(2) Le texte dit, en effet : « Pour *tirer* de prison le mari ou la femme. »

(3) Cassat. d'un arrêt de Toulouse, 26 avril 1842.

ticle 997, c. proc. a abrogé sur ce point l'article 1558 du code Napoléon, qui exigeait trois appositions successives.

SECTION VII.

Le fonds dotal peut être échangé (Art. 1559).

L'article 1559 s'exprime ainsi : « L'immeuble dotal peut être échangé, mais avec le consentement de la femme, contre un autre immeuble de la même valeur pour les quatre cinquièmes au moins, en justifiant de l'utilité de l'échange, en obtenant l'autorisation en justice, et d'après une estimation par experts nommés d'office par le tribunal. Dans ce cas, l'immeuble reçu en échange sera dotal : l'excédant du prix, s'il y en a, le sera aussi, et il en sera fait emploi comme tel au profit de la femme. »

L'échange n'étant que la substitution directe et immédiate d'un nouvel immeuble à l'ancien, la loi n'exige pas, pour autoriser l'échange, qu'il y ait nécessité d'aliéner; elle se contente d'une simple utilité dûment constatée.

Quatre conditions sont nécessaires d'après notre article pour que la justice puisse autoriser l'échange.

Il faut d'abord le consentement des deux époux : de la femme, puisqu'elle est propriétaire; du mari, puisqu'il est administrateur de la dot.

La seconde condition nécessaire, c'est que l'échange soit utile aux époux. Le mari, par exemple, procureur impérial dans le ressort d'Aix, est nommé conseiller à la cour de Caen ; il demande l'autorisation d'échanger contre un fonds situé en Normandie le fonds dotal dont sa femme est propriétaire en Provence; il y a là utilité suffisamment justifiée.

Une troisième condition, c'est que l'immeuble dotal soit échangé contre un autre immeuble de la même valeur pour les quatre cinquièmes au moins. Bien que la loi ne parle que d'un immeuble, il est évident que la justice pourrait autoriser l'échange d'un immeuble contre deux ou trois autres immeubles. L'échange pourrait aussi se faire contre des actions de la Banque de France immobilisées.

Si l'immeuble dotal est échangé contre un immeuble d'une valeur supérieure, cet immeuble acquis en contre-échange n'est pas dotal pour le tout ; car l'art. 1543 défend d'augmenter la dot pendant le mariage. On doit donc décider que l'immeuble acquis en contre-échange reste aliénable et saisissable jusqu'à concurrence de la soulte payée par la femme.

Si l'immeuble dotal est échangé contre un immeuble d'une valeur inférieure, quoique supérieure aux quatre cinquièmes, la soulte que la femme reçoit en retour reste dotale et doit être employée *comme telle*. Nous avons vu ci-dessus quelles règles régissent ce remploi.

La quatrième condition, c'est une estimation par experts nommés d'office par le tribunal. Ces experts devront tout à la fois estimer l'immeuble à échanger et l'immeuble à acquérir en contre-échange. Ils doivent être au nombre de trois (art. 303, c. proc.).

Ajoutons, en terminant, que notre art. 1559 a été inséré dans le code sur les réclamations du Tribunat.

SECTION VIII.

De quelques autres exceptions au principe de l'inaliénabilité de la dot, résultant de lois spéciales ou commandées par l'intérêt général.

Nous avons vu que la conservation de la dot est excessivement favorable aux yeux du législateur. Cependant, comme l'intérêt général de la société doit l'emporter sur toutes considérations d'intérêt privé, il y a certains cas non prévus dans le chapitre du régime dotal où le fonds dotal pourra être aliéné.

1° *Expropriation pour cause d'utilité publique.* — Ainsi le fonds dotal, comme tout autre immeuble, n'est pas à l'abri de l'expropriation pour cause d'utilité publique. Ce cas est même expressément prévu dans l'art. 13 de la loi du 3 mai 1841 sur l'expropriation.

L'art. 13 de cette loi s'exprime ainsi : « Si des biens de mineurs, d'interdits, d'absents ou autres incapables, sont compris dans les plans déposés en vertu de l'art. 5..... les tuteurs, ceux qui ont été envoyés en possession provisoire, et tous représentants des incapables, peuvent, *après autorisation du tribunal, donnée sur simple requête, en la chambre du conseil, le ministère public entendu,* consentir amiablement à l'aliénation desdits biens. — Le tribunal ordonne les mesures de conservation ou de remploi qu'il juge nécessaires. — *Ces dispositions sont applicables aux immeubles dotaux* et aux majorats. »

L'art. 25 de cette même loi, prévoyant le cas où l'expropriation a déjà été prononcée, dispose aussi : « *Les femmes mariées sous le régime dotal, assistées de leurs maris*, les tuteurs..... peuvent valablement accepter les offres énoncées en l'art. 23 (c'est-à-dire les offres faites par l'administration), s'il y sont autorisés dans les formes prescrites par l'art. 13. »

Il faudrait appliquer les mêmes règles au cas d'acquisition de la mitoyenneté d'un mur construit sur le fonds dotal, au cas d'acquisition d'une servitude de passage en cas d'enclave, d'une servitude d'irrigation, etc.

Dans le cas d'expropriation pour cause d'utilité publique les tribunaux ordonnent le remploi, s'il y a lieu ; sinon les mesures qu'ils jugent convenables pour la conservation de la dot.

2° *Délits et quasi-délits de la femme.* — L'inaliénabilité de la dot souffre exception quand la femme s'est rendue coupable de délits ou de quasi-délits. Nous retrouvons cette exception si morale dans la loi 3, au Dig. *De bonis damnatorum*, et dans l'art. 544 de la coutume de Normandie, qui permettait d'exécuter sur ses biens dotaux les condamnations obtenues contre la femme pour raison de *méfait*, de *médit*, ou *autre crime.* C'est aussi l'opinion de la plupart des auteurs et de la jurisprudence.

Cette doctrine est rationnelle. Le tiers, en effet, qui contracte avec la femme dotale, s'il est évincé du fond dotal indûment aliéné, ne peut après tout s'en prendre qu'à lui, à son imprudence, à son défaut de circonspection ; tandis que le tiers qui a éprouvé un dommage dans ses biens par suite du délit de la femme, dont, par exemple, la maison a été incendiée par la femme, n'avait aucun moyen de se prémunir contre la méchanceté de cette femme. La loi, d'ailleurs, dans l'art. 1310 déclare que le mineur n'est point restituable contre les obligations résultant de son délit ou quasi-délit. Or, personne n'oserait soutenir que la femme mariée sous le régime dotal mérite plus de faveur que le mineur. Ajoutons que si on proclamait dans notre espèce le principe de l'inaliénabilité de la dot, on encouragerait les délits et quasi-délits de la femme.

Remarquons toutefois que si le mari n'a pas été condamné avec sa femme comme co-auteur, complice ou civilement responsable, la jouissance du fonds dotal doit être respectée, parce que cette jouissance doit être considérée comme étant hors du patrimoine de la femme, tant que le mari supporte les charges du mariage [arg. des art. 1424 et 1425] (1).

La Cour de cassation a décidé dans ses arrêts du 5 mars 1845 et du 22 décembre 1847, que la femme est responsable sur ses biens dotaux des suites de son délit (2).

Nous pensons qu'il n'en serait pas de même s'il s'agissait de quasi-contrats, les tiers ayant dans ce cas toujours quelque imprévoyance à se reprocher (3).

3° *Dépens.* — La condamnation aux dépens obtenue contre la femme est-elle exécutoire sur les biens dotaux ? Deux hypothèses doivent être soigneusement distinguées : 1° l'avoué ou tout autre mandataire de la femme a avancé les dépens ; 2° les dépens sont réclamés par la partie qui a gagné le procès.

L'avoué ou le mandataire a-t-il action sur les biens dotaux pour la répétition de ses avances? Nous ne le pensons pas. N'étant, en effet, nullement obligé de faire ces avances,

(1) Loi 3, c. *Ne uxor pro marito*..... — Tessier, note 675. — Troplong, n° 3320.

(2) Duranton, t. XV, n° 533. — Zachariæ, t. III, p. 583. — Pont et Rod., t. II, p. 407. — Troplong, n° 3319.

(3) Cassation, 3 janvier 1825. — Pont et Rod., t. II, p. 408. — Tessier, t. I, p. 447.

il doit s'imputer à lui-même de les avoir faites sans s'assurer que la femme avait des biens paraphernaux suffisants pour en répondre, ou sans exiger d'autres sûretés. Toutefois on déciderait autrement si le procès gagné avait procuré l'augmentation ou la conservation de la dot ; ce serait alors le cas de l'action *De in rem verso*. Ainsi, par exemple, l'avoué pourrait répéter sur les biens dotaux les frais d'une demande en séparation de biens qui a été accueillie (1).

Quant à la partie adverse, qui a gagné le procès, peut-elle agir sur les biens dotaux pour le paiement des dépens ? Nous pensons qu'elle peut poursuivre les biens dotaux.

La femme a-t-elle soutenu le procès de mauvaise foi ? c'était une sorte de délit, dans le sens large du mot ; l'a-t-elle soutenu de bonne foi, mais sans aucun fondement ? c'était un quasi-délit ; l'a-t-elle soutenu enfin non-seulement de bonne foi, mais encore avec des chances de réussite ? il n'y a eu de sa part, nous en convenons, ni délit, ni quasi-délit ; mais elle a quasi contracté avec la partie adverse : elle s'est engagée à supporter tous les dépens en cas d'échec, comme cette partie s'y était engagée de son côté si l'issue du procès lui eût été contraire ; et cette dernière partie n'a pas pu empêcher le quasi-contrat, pas plus que le procès même à l'occasion duquel il a eu lieu. Or, dans ce dernier cas même, la dot, d'après la règle que nous avons posée, nous semble tenue ; car si nous l'avons déclarée affranchie en thèse générale des effets des quasi-contrats auxquels ne sont venus se joindre ni délit, ni quasi-délit, c'est uniquement par le motif qu'ordinairement les tiers peuvent prévenir ces sortes d'engagements, et cette raison manque évidemment ici.

(1) Pont et Rod., t. II, n° 541. — Troplong, n° 3334.

Mais dans le cas où la femme est tenue des dépens sur les biens dotaux, est-ce la pleine propriété ou seulement la nue propriété de ces biens que le créancier peut poursuivre ? C'est la pleine propriété, ce nous semble, si le mari a autorisé la femme à soutenir le procès, parce qu'il a participé par là au délit, quasi-délit ou quasi-contrat de celle-ci ; c'est seulement la nue propriété si la femme, au refus du mari, n'a été autorisée que par justice (1).

Quoi qu'il en soit, la femme ne peut être tenue sur ses biens dotaux des frais frustratoires, ou qu'on pourrait éviter. Ainsi, par exemple, s'agissait-il d'une contestation relative aux fruits ou à la jouissance de la dot, le mari seul devait figurer dans l'instance ; le surcroît de frais résultant de la mise en cause de la femme ne serait pas à sa charge. Il en serait de même des contestations relatives à la propriété de la dot, si l'on décidait, ce qui est controversé, que le mari seul est maître de toutes les actions dotales.

(1) Tessier, t. I, note 673 *in fine*.

CHAPITRE V.

DE LA CLAUSE PAR LAQUELLE ON STIPULE QUE LE FONDS DOTAL SERA ALIÉNABLE (art. 1557).

La clause que nous allons étudier dans ce chapitre n'est point, comme nous l'avons déjà fait remarquer, une exception proprement dite au principe de l'inaliénabilité de la dot, c'est la suppression même de ce principe autorisée par le législateur et insérée dans le contrat de mariage. En face de nous, nous allons avoir encore, il est vrai, le régime dotal ; mais le régime dotal modifié dans un de ses caractères principaux, et dégagé de sa plus funeste entrave. C'est sur la proposition de M. Berlier que fut admise, par le Conseil d'État, la faculté laissée aux futurs époux de se marier sous le régime dotal, en dépouillant ce régime du principe de l'inaliénabilité. Fait très-significatif et qu'il est important de ne pas perdre de vue dans l'explication de notre article : c'est dans un esprit de transaction que la disposition de l'art. 1557 fut insérée dans nos lois. On avait admis l'inaliénabilité, on voulut réserver aux parties la faculté de s'affranchir de cette entrave ; de là ce tempérament apporté aux règles du régime dotal, tempérament que ne connurent ni le droit de Justinien, ni le droit de nos provinces du Midi.

La suppression du principe de l'inaliénabilité peut être plus ou moins complète. La faculté d'aliéner peut être pure et simple ou accompagnée de certaines obligations notamment de celle de faire remploi. Elle peut-être absolue et comprendre tous les actes d'aliénation, ou bien être restreinte à tel ou tel acte déterminé.

Notre art. 1557 est ainsi conçu : « L'immeuble dotal peut-être aliéné lorsque l'aliénation en a été permise par le contrat de mariage. »

Deux questions fort intéressantes se sont élevées sur cet article ; examinons-les successivement.

Première question. — Les parties peuvent-elles stipuler dans le contrat de mariage la faculté d'hypothéquer l'immeuble dotal ?

Il est difficile, au premier abord, de comprendre quel doute peut s'élever sur ce point, car les parties pouvant exclure d'une façon absolue le régime dotal, il semble à plus forte raison qu'elles ont la faculté d'y apporter une série indéfinie de modifications (1). Cependant la Cour de cassation ayant plusieurs fois jugé que la faculté d'hypothèquer ne peut être stipulée dans le contrat de mariage ; examinons quels arguments ont pu être invoqués à l'appui de ce système (2).

Le principal doute est venu de ce que l'art. 1557 ne parle pas de l'hypothèque. Pourquoi ce silence du législateur ? Si on consulte l'histoire on voit que la défense abso-

(1) « Quant à moi, je n'ai pas le courage de réfuter de tels écarts de raison, dit M. Troplong sur cette question. Prouver que le soleil est un foyer de lumière me semble une tâche que je ne me crois pas obligé d'entreprendre. »

(2) Après avoir éludé la question dans ses arrêts du 22 juin 1836 et du 16 août 1837, la Cour de cassation, dans son arrêt du 29 mai 1839, a consacré la doctrine que nous allons combattre. Mais, dans ses arrêts du 7 juillet 1840 et du 3 avril 1849, elle a changé de jurisprudence.

lue d'aliéner le fonds dotal n'est venue que longtemps après la défense absolue de l'hypothéquer. On regardait donc, à Rome, l'hypothèque comme étant beaucoup plus dangereuse que l'aliénation. On pensait que la femme, séduite par l'espérance de l'extinction prochaine de la dette à laquelle le fonds dotal serait obligé, serait toujours plus facilement entraînée à donner son consentement à une hypothèque qu'à une vente. — D'ailleurs, en vendant son immeuble, la femme en reçoit un prix, et il est possible que ce marché lui soit fort avantageux, car, pour accomplir cette vente, elle peut choisir un moment favorable. Si, au contraire, son fonds est grevé d'une hypothèque, ce sera peut-être dans un moment fâcheux, inopportun, dans un de ces moments où les biens tombent en discrédit, que le créancier poursuivra l'expropriation de son immeuble. On peut donc comprendre, jusqu'à un certain point, qu'un législateur permette de stipuler la faculté d'aliéner, tout en défendant de stipuler celle d'hypothéquer. Or, c'est cette décision du législateur romain qui a été évidemment consacrée par les rédacteurs du code; car dans l'art. 1557 ils n'ont parlé que d'aliénation. Et cette induction acquiert la valeur d'une preuve lorsqu'on remarque que dans l'art. 1554 ils ont parlé tout à la fois d'aliénation et d'hypothèque. La prohibition d'aliéner ne comprenait donc pas pour eux la prohibition d'hypothéquer; et la liberté qu'ils donnent, dans l'art. 1557, de stipuler la faculté d'aliéner, ne comprend pas la liberté de stipuler la faculté d'hypothéquer.

Quelque spécieux que puissent, à première vue, paraître ces arguments, ils étaient loin d'être suffisants pour faire prévaloir ce système.

Si, en effet, les rédacteurs du code dans l'art. 1554 ont cru nécessaire de prohiber tout à la fois l'aliénation et l'hypothèque, c'est incontestablement parce qu'ils ont trouvé cette prohibition ainsi formulée dans la loi romaine. Mais faut-il en conclure qu'ils aient voulu rétablir la distinction de la loi Julia, cette distinction abrogée par la loi unique au code *De rei uxoriæ actione?* Autant vaudrait dire qu'ils auraient dû rétablir le S. C. Velleien. Il est incontestable, en effet, que, dans l'état actuel de notre législation et de nos mœurs, la femme n'est pas plus facilement déterminée à hypothéquer ses biens qu'à les vendre. On ne voit plus, comme à Rome, des gens faisant métier de spéculer sur les femmes pour leur arracher des cautionnements. La distinction entre l'aliénation et l'hypothèque eût donc été sans objet dans le code Napoléon. Et si, dans les articles suivants, les rédacteurs du code se sont contentés d'exprimer par un seul mot ces deux idées d'aliénation et d'hypothèque, c'est que ce mot leur a paru suffisamment large pour faire complétement disparaître la prohibition de l'article précédent.

De tous les principes qui dominent la matière du contrat de mariage, celui qui a la plus grande importance et qu'on a le plus souvent invoqué dans la discussion du code Napoléon, c'est, nous l'avons déjà dit, le principe de la liberté des conventions matrimoniales, écrit dans l'article 1387. Or, quelles exceptions le législateur a-t-il apportées à ce principe? Il a interdit les stipulations contraires à l'ordre public, contraires aux bonnes mœurs, contraires aux dispositions prohibitives du présent code (art. 1388). Mais qui ne voit que ces dernières expressions ne font allusion qu'aux prohibitions résultant de la volonté du législateur, et que si les parties sont mariées sous le régime dotal, c'est un effet de leur propre volonté. En présence de l'art. 1387, dans un contrat entouré de tant de faveurs et d'une si grande liberté de stipulations, dans un contrat où la femme est maîtresse de se faire la position pécuniaire la plus contraire à ses intérêts, est-il vraisemblable, nous le demandons, que la femme, si elle a prononcé ce mot : *régime dotal*, soit par là même dans l'impossibilité de stipuler la faculté d'hypothéquer ?

De fortes considérations nous forcent aussi à rejeter ce système. C'est un fait très-digne d'attention que les quatre art. 1555, 1556, 1557, 1558 n'emploient tous les quatre que la seule expression : aliéner. Si donc on admet que l'art. 1557 par son silence a prohibé la stipulation de la faculté d'hypothéquer, logiquement on est conduit à décider que, dans les cas des art. 1555, 1556, 1558, le fonds dotal ne pourra être grevé d'hypothèque. Or, c'est inadmissible. La justice, qui peut permettre l'aliénation du fonds dotal, doit pouvoir permettre un emprunt avec hypothèque sur ce fonds. Il y a des cas, en effet, où un emprunt peut sauver la famille sans l'exposer à aucun danger ; tandis que la vente totale ou partielle du fonds dotal pourrait s'effectuer à vil prix, et par là compromettre l'avenir de la femme et des enfants.

L'art. 7 du code de commerce ne laisse d'ailleurs aucun doute sur ce point. D'après cet article, la femme marchande publique ne peut hypothéquer ni aliéner ses biens dotaux que dans les cas déterminés par le code civil. Dans cet article, qui est interprétatif des art. 1554 et suiv., l'aliénation et l'hypothèque sont donc mises sur la même ligne.

Tous ces arguments démontrent donc de la manière la plus certaine que la femme, qui, aux termes de l'art. 1557, peut stipuler la faculté d'aliéner le fonds dotal, peut également stipuler la faculté de l'hypothéquer.

Deuxième question. — Mais ici se place cette seconde question, beaucoup plus importante et beaucoup plus controversée que la première : la faculté d'aliéner ayant été stipulée dans le contrat de mariage, la faculté d'hypothéquer y est-elle comprise virtuellement ? La clause par laquelle la femme stipule dans le contrat la faculté d'aliéner, doit-elle être comprise dans un sens restrictif ou dans un sens général ?

« La jurisprudence est faite sur cette question, a dit M. Troplong ; elle est persistante, tenace, et d'autant plus récalcitrante, qu'elle se sent plus antipathique aux vrais amis de la liberté (1). » La Cour de cassation a constamment jugé la question dans le sens restrictif ; cette décision a même été donnée dans un arrêt solennel des chambres réunies. Examinons donc quels arguments elle apporte à l'appui de sa doctrine.

Et d'abord on invoque sur cette question, comme sur la précédente, la célèbre distinction que faisait le droit romain entre l'aliénation et l'hypothèque ; on invoque encore le soin que le législateur a pris de distinguer ces deux actes dans l'art. 1554. Nous avons déjà victorieusement répondu à ces arguments.

Le seul motif un peu sérieux sur lequel s'appuie la Cour suprême est le motif suivant : Les exceptions aux règles générales adoptées par les lois sont de droit étroit et ne

(1) *Contr. de m.*, t. IV, n° 3363.

doivent pas être étendues d'un cas à un autre. Or, voilà une femme qui, dans son contrat de mariage, a dérogé à une règle générale et a stipulé la faculté d'aliéner le fonds dotal : cette dérogation doit être entendue d'une façon restrictive. Qu'est-ce qui dit, en effet, qu'elle a entendu se réserver la faculté d'hypothéquer ? N'était-elle pas libre de parler d'une façon plus catégorique et plus claire ?

Ce système de la Cour de cassation implique une contradiction si manifeste, qu'il nous est impossible de l'admettre.

Nous avons vu, en effet, que la Cour de cassation, dans ses derniers arrêts, reconnaît que la faculté accordée à la femme par l'art. 1557 de déroger dans le contrat au principe de l'inaliénabilité s'applique, non-seulement à l'aliénation, mais encore à l'hypothèque ; en autres termes, que la clause par laquelle la femme se réserve la faculté d'hypothéquer le fonds dotal est valable. Or, si la Cour de cassation, quand il s'agit de cette première question, entend ce mot *aliéner* de l'art. 1557 dans un sens aussi large, si elle voit dans ce mot non-seulement l'aliénation, mais encore l'hypothèque, pourquoi dans la seconde question l'entend-elle dans un sens restreint ? Tout à l'heure elle nous disait : dans 1557 *aliéner* comprend *hypothéquer ;* pourquoi nous dit-elle maintenant : *aliéner* ne comprend pas *hypothéquer ?* Voilà donc encore une de ces contradictions dans lesquelles elle tombe si fréquemment

Et qu'on n'aille pas dire que cette clause doit être entendue dans un sens restrictif parce que sans cela on s'exposerait à outrepasser l'intention de la femme ! Comment les choses se passent-elles en pratique ? Les époux comparaissent devant le notaire ; on rédige les conventions matrimoniales ; le régime dotal avec ses prohibitions sévères effraie le futur mari ou quelqu'un des parents ; on fait des objections ; alors le notaire s'adressant aux parties leur dit que si l'inaliénabilité du fonds dotal les effraie, il y a dans le code un article qui permet de stipuler l'aliénabilité ; et la clause est insérée.

Voilà comment les choses se passent dans la pratique. On calque cette clause sur les termes mêmes de l'art. 1557. Or, le mot aliéner de cet article (la Cour de cassation le reconnaissait elle-même dans la question précédente) ne peut être entendu que dans un sens large.

Et ce sens large du mot *aliéner*, qui est son sens habituel en droit romain (1) et dans notre ancienne jurisprudence, est celui dans lequel ce mot est le plus ordinairement employé dans nos codes. Il est consacré dans les art. 484, 1428, 1449, 1535, 1538 et 1575. Il y a plus : nous le retrouvons dans toute notre section de l'inaliénabilité du fonds dotal. Les art. 1555 et 1556 n'emploient que le mot *donner*, et personne cependant ne conteste que la faculté d'hypothéquer n'y soit comprise. L'art. 1558 ne parle que d'*aliénation*, et cependant tout le monde convient que la justice peut aussi autoriser l'hypothèque. Cette opinion est d'ailleurs confirmée par l'art. 7 du code de comm. Or, ce qu'on admet sous les art. 1555, 1556, 1558, pourquoi ne pas l'admettre sous l'art. 1557 ? Donc, dans l'art. 1557 le mot *aliéner* a aussi ce sens large, c'est-à-dire qu'il comprend toute espèce de démembrement de la propriété, et, dans la clause du contrat de mariage qui permet l'aliénation, clause en réalité calquée sur notre article, le mot *aliéner* ne peut avoir d'autre sens.

(1) Loi 7, c. *De reb. alien. non alien.*

On nous dit : Il y a là une exception à une règle générale, et toute exception doit être entendue dans un sens restrictif. — Mais pourquoi donc sur l'art. 1557, qui, cependant, est une dérogation à une règle générale et qui ne parle que d'aliénation, tout le monde aujourd'hui est-il d'accord pour dire que cet article, dans ce terme *aliéner*, comprend aussi l'hypothèque?

Mais c'est surtout en présence des travaux préparatoires du code qu'il est impossible de méconnaître la portée que nous avons voulu donner à l'art. 1557. Cet article, en effet, nous l'avons déjà dit, est un article de transaction. Effrayés des dangers de l'inaliénabilité, les rédacteurs ont voulu laisser aux parties la faculté de stipuler l'aliénabilité. L'art. 1554 est, ou, du moins, peut être un mal; l'art. 1557 contient le remède. Quel médecin s'imaginerait donc de prescrire un remède qui laisserait subsister chez son malade la moitié des effets de la maladie? Disons donc que le législateur a voulu que la femme, en stipulant l'aliénabilité, pût par là se soustraire complétement au principe d'inaliénabilité, et rendre son bien dotal entièrement disponible entre ses mains. Si l'hypothèque, d'ailleurs, lui était interdite, la vente à laquelle elle serait entraînée par les obsessions de son mari ne lui serait pas moins désastreuse.

Et voyez à quelles conséquences véritablement incroyables la logique a conduit la Cour de cassation! Elle a décidé que la faculté d'hypothéquer ne résulte pas de la réserve de *vendre et aliéner* ses immeubles dotaux insérée dans le contrat de mariage (1); de la réserve de *vendre*,

(1) Cassat., 22 juin 1836.

céder, ou autrement aliéner ses immeubles dotaux (1) ; de la réserve de *vendre et aliéner ses biens et droits* (2) ! On a toutefois décidé que la faculté d'hypothéquer serait comprise dans la clause qui réserve à la femme, outre la faculté d'aliéner, *celle de disposer, en pleine et entière liberté, de ses biens* (3). Mais cette décision n'en a pas moins été critiquée par un auteur, sous prétexte que les termes de la clause ne parlent pas d'hypothèque (4) !

La jurisprudence, en un mot, défend d'étendre aux cas non déterminés dans le contrat de mariage, les conventions dérogatoires à la règle de l'inaliénabilité de la dot. La Cour de cassation décide donc que la simple clause d'aliénabilité de la dot immobilière ne suffit pas pour rendre aliénable la dot mobilière (5) ; que la faculté que la femme s'est réservée par contrat de mariage d'aliéner ses biens dotaux, n'emporte pas celle de donner mainlevée de son hypothèque légale sur les biens de son mari (6) ; que la faculté de vendre et d'hypothéquer ses biens dotaux n'emporte pas pour la femme celle de les soumettre à l'exécution des obligations qu'elle a souscrites sans affectation hypothécaire (7) ; que la faculté d'aliéner ses biens dotaux n'emporte pas pour la femme le droit d'en aliéner le prix en les vendant à un créancier hypothécaire (8).

La faculté d'aliéner les biens dotaux emporte-t-elle la

(1) Cassat., 22 juin 1836.
(2) Cassat., 16 août 1837.
(3) Lyon, 22 novembre 1838.
(4) Dalloz, *Rép.*, Contr. de m., n° 3555.
(5) Cassat., 2 janvier 1837.
(6) Cassat., 2 janvier 1837.
(7) Cassat., 3 avril 1849.
(8) Cassat., 16 août 1837.

faculté de compromettre sur les contestations relatives à ces biens ? On a dit pour la négative : Puisque la transaction n'emporte pas le compromis, l'aliénation ne doit pas non plus emporter le compromis. D'ailleurs les causes des femmes dotales sont sujettes à communication au ministère public (art. 83, c. proc.), et l'on ne peut compromettre sur ces causes (art. 1004, id.). — Nous repoussons néanmoins ce système ; car, à nos yeux, le pouvoir d'aliéner renferme tous les modes d'aliénation, et par suite, le compromis. Quant à la communication au ministère public, elle n'est indispensable que lorsque la dot est inaliénable. Mais quand la dot est aliénable, « où serait, disait « M. Favre, orateur du Tribunat, la nécessité de surveiller « en jugement ce que les époux ont toute liberté de faire « hors jugement ? »

En entendant dans un sens large et libéral, la restriction apportée dans le contrat de mariage à l'inaliénabilité de la dot, nous avons donné une décision complétement en désaccord avec celle de la jurisprudence. Les notaires et les parties ne sauraient donc prendre aujourd'hui trop de précautions pour préciser dans le contrat le degré de liberté qu'elles entendent se procurer (1).

La mineure, si elle est dûment assistée au contrat de mariage, pourra valablement déclarer que ses biens dotaux seront aliénables.

L'aliénation autorisée par contrat de mariage peut être faite de gré à gré et sans formalités ni autorisation de jus-

(1) Aff. : Grenier, *Des Hypoth.*, t. I, nº 33. — Tessier, t. I, note 597. — Troplong, nº 3394. — Nég. : Bellot, t. IV, p. 116. — Duranton, t. XV, nº 479. — Taulier, t. V, p. 296. — Rod. et Pont, t. II, nº 502. — Dalloz *Répert.*, t. XIV, p. 118.

tice. Mais ce qu'il ne faut pas perdre de vue, c'est que la clause de l'art. 1557 ne confère pas au mari le droit d'aliéner. La femme, en effet, conservant dans notre droit la propriété du fonds dotal, il est naturel que le mari n'en puisse disposer sans son consentement qu'autant que le contrat de mariage lui conférerait d'une manière indubitable ce pouvoir exorbitant (1).

La faculté d'aliéner les immeubles dotaux peut être stipulée purement et simplement, ou bien être accompagnée de certaines conditions et modifications. La plus importante de ces conditions est la clause de remploi ou de remplacement. Cette clause a pour but de contraindre le mari à employer d'une manière sûre et utile les deniers provenant du bien dotal aliéné. Il y a donc là un remède au droit qu'a le mari d'exiger et de recevoir les deniers provenant de la vente du fonds dotal, et c'est une garantie puissante contre son insolvabilité, ou même contre l'insuffisance de sa fortune personnelle.

L'usage du remploi, inconnu en droit romain, prit naissance dans nos pays de droit écrit. Aujourd'hui encore, il est d'un usage très-fréquent en Normandie, où il avait lieu autrefois de plein droit, en vertu d'une disposition de la coutume (2).

Tout immeuble dotal est inaliénable en principe. Si donc, dans le contrat, il y a une clause d'aliénabilité sous condition de remploi, la validité de l'aliénation dépend de la validité et de l'exécution du remploi, comme d'une condition suspensive. L'acquéreur de l'immeuble est donc responsable de la validité et de l'utilité du remploi ou

(1) Cassat., 12 août 1839.
(2) *Voir* notre chapitre I, § 2.

remplacement. Il doit donc le surveiller ; il doit se refuser à payer tant que le remploi n'est pas fait. Si le remplacement ne se trouve pas effectué ou a été mal fait, le bien est en réalité demeuré indisponible, et l'aliénation, dès lors, est révocable.

Dans certains cas, cependant, l'aliénation n'étant pas volontaire de la part des époux, les tiers acquéreurs, par exception, ne sont pas responsables du remploi. Il en est ainsi, par exemple, au cas d'expropriation pour cause d'utilité publique, la loi du 3 mai 1841 prescrivant au tribunal, dans son art. 13, d'ordonner les mesures qu'il juge convenables pour la conservation ou le remploi de la dot. Dans ce cas, l'aliénation est certainement définitive, irrévocable.

Il faut que le remploi soit effectué régulièrement, c'est-à-dire qu'il faut, avant tout, se conformer aux conditions stipulées à cet égard dans le contrat de mariage.

Ainsi, quand le contrat de mariage permet l'aliénation au mari seul, qui, par là, se trouve constitué mandataire de la femme, le mari peut vendre seul. Si le contrat de mariage autorise la vente du bien dotal par la femme, conjointement avec son mari et avec remploi, l'aliénation est nulle, lorsqu'elle n'est faite, de même que le remploi, que par le mari seul, sans le concours de sa femme (1). Il en serait de même si le contrat déclarait l'immeuble dotal aliénable, sans dire qui pourra aliéner ; dans ce cas, en effet, il faut la volonté de la femme comme propriétaire du bien, et l'autorisation du mari pour relever la femme de son incapacité de femme mariée.

(1) Cassat., 12 août 1839.

Quelquefois, on impose au remploi certaines conditions de lieu. Si le contrat dit que le remploi devra être effectué en immeubles situés en France ou situés en Normandie, le remploi fait en biens situés à l'étranger ou en biens situés hors de l'ancienne province de Normandie serait nul.

Quelquefois on désigne dans le contrat la nature des biens qui devront être achetés en remploi. Le remploi, exigé par le contrat en fonds de terre, se ferait d'une manière inefficace en maisons. Le remploi exigé en immeubles ne pourrait valablement être effectué en meubles. Mais si on a employé l'expression *immeuble* dans le contrat, toute espèce d'immeuble pourrait servir au remploi. C'est ainsi qu'il a été jugé par la cour de Caen que le remploi pourrait se faire en actions immobilisées de la Banque de France (1).

En l'absence de toute désignation spéciale dans le contrat de mariage, la clause de remploi oblige les époux à employer les deniers dotaux en acquisitions dans l'intérêt de la femme, en acquisitions d'immeubles, en immeubles offrant des garanties suffisantes.

Les acquisitions à titre de remploi doivent être faites en immeubles ; c'est là, du moins, l'opinion commune.

« Les meubles, fragiles de leur nature, dit M. Trop-
« long, ne sont pas un bon remploi pour des immeubles
« destinés à la perpétuité et seuls propres à satisfaire
« l'esprit de conservation, qui est de l'essence de la
« dot (2). »

(1) Caen, 8 mai 1838.

(2) M. Troplong, n° 3423

Les immeubles acquis à titre de remploi doivent présenter des sûretés suffisantes, c'est-à-dire être libres d'abord de toute hypothèque et non soumis à une condition résolutoire ou à un danger d'éviction. S'il en était autrement, la femme pourrait actionner les acquéreurs de son bien dotal qui n'ont pas veillé à un remploi suffisant (1).

Le remploi doit être total, car il doit procurer à la femme l'équivalent de son immeuble aliéné, c'est-à-dire que la valeur de l'immeuble acquis en remploi doit comprendre tout ce que la femme a retiré de l'aliénation ou tout ce dont le mari aura profité outre le prix porté au contrat : prix principal, prix accessoire, pot de vin, épingles, etc. L'immeuble dotal vendu, par exemple, 100,000 fr., doit donc être remplacé par un immeuble valant 100,000 fr. — Si le prix réel des immeubles acquis en remploi a été exagéré, et, par suite, la somme provenant du prix du propre aliéné diminuée par le mari, de concert avec les tiers acquéreurs, la femme a le droit de prouver la fraude à la dissolution du mariage ou après la séparation de biens, et d'agir même contre ces derniers. — Nous avons dit que le remploi doit être total : mais ici se présente une difficulté assez sérieuse. La femme vend son immeuble dotal 100,000 fr., elle doit le remplacer par un immeuble de 100,000 fr.; mais, pour effectuer cet achat, il lui faut payer au moins 4,000 fr. de frais et loyaux coûts; le remploi sera-t-il valable si elle achète un immeuble de 96,000 fr., se réservant par devers elle 4,000 fr. pour payer les divers frais et loyaux coûts?

(1) Cassat., 12 mai 1840.

La cour de Caen qui a eu à se prononcer sur cette question a mis à la charge de l'acquéreur les loyaux coûts de l'immeuble acquis par la femme pour lui tenir lieu de remploi, sans qu'il soit permis de les imputer sur le prix. Elle se fondait sur ce que, s'il en était autrement, il y aurait diminution de la dot, et le remploi ne la conserverait pas entière (1). Cette décision, qui était celle de Salviat (2), doit, suivant nous, être rejetée. Un étranger peut-il donc être contraint à fournir de sa bourse ce qui est nécessaire pour transformer en immeubles les prix de la vente des biens de la femme, et pour lui donner ainsi l'avantage de la stabilité? Une clause du contrat veut la transformation du prix de vente en immeubles, mais les valeurs mobilières ne doivent-elles pas nécessairement éprouver une réduction pour se transformer en valeurs immobilières? La femme doit subir les conséquences naturelles et légales de la clause de remploi qu'elle a insérée dans le contrat de mariage. Il faut donc décider avec MM. Benech, Troplong et Marcadé, que les frais d'achat seront supportés par la femme, qui les prendra sur ses paraphernaux, si elle en a, sur la dot elle-même dans le cas contraire (3).

L'immeuble acquis par les époux à titre de remploi devient dotal; mais il reste aliénable à charge de remploi, comme était l'immeuble dont il tient la place, à moins que des termes mêmes du contrat de mariage il ne résulte que la faculté d'aliéner ne concerne que les immeu-

(1) Caen, 18 décembre 1837.

(2) *V*. Dot, pp. 408 et 409.

(3) Benech, p. 212. — Troplong, IV, n° 3420. — Marcadé, VI, p. 85.

bles mêmes apportés en dot. Toute chose subrogée à une autre en acquiert la nature, dit un vieil axiome : *Subrogatum sumit naturam subrogati* (1).

(1) Tessier, p. 407.

CHAPITRE VI.

DE LA SANCTION DE L'INALIÉNABILITÉ DE LA DOT.

(Art. 1560.)

L'art. 1560 s'exprime ainsi : « Si hors les cas d'excep-
« tion qui viennent d'être expliqués, la femme ou le mari,
« ou tous les deux conjointement aliènent le fonds dotal,
« la femme ou ses héritiers pourront faire révoquer l'alié-
« nation après la dissolution du mariage, sans qu'on
« puisse leur opposer aucune prescription pendant sa du-
« rée : La femme aura le même droit après la séparation
« de biens.

« Le mari lui-même pourra faire révoquer l'aliéna-
« tion, pendant le mariage, en demeurant néanmoins su-
« jet aux dommages et intérêts de l'acheteur, s'il n'a pas
« déclaré dans le contrat que le bien vendu était dotal. »

Dans la première rédaction de cet article, la sanction de l'inaliénabilité de la dot était une nullité absolue. L'article, en effet, portait que l'aliénation de l'immeuble dotal, faite au mépris de la prohibition de l'art. 1554, et hors des cas d'exception des art. 1555 à 1559, était *radicalement nulle* (1). Mais sur les observations du Tribunat, ces mots *radicalement nulle* furent remplacés par ceux-ci : *on pourra faire révoquer*. Par conséquent à une rédaction parfaitement claire on a substitué à dessein des

(1) Fenet, t. XIII, p. 590.

termes vagues, qui ne s'expliquent pas nettement sur la nature de l'action qui est donnée.

I. Trois hypothèses sont prévues dans l'art. 1560 : ou la femme non autorisée de son mari ou de justice a vendu le fonds dotal, ou ce fonds a été vendu par le mari seul, ou il a été vendu par la femme autorisée de son mari. Examinons successivement ces trois hypothèses.

Première hypothèse. — L'aliénation émane de la femme seule. — La femme, sans avoir pris l'autorisation de son mari ou de justice, a aliéné ou hypothéqué le fonds dotal, l'acte qu'elle a ainsi fait au mépris de l'autorité maritale, est frappé de nullité relative aux termes du droit commun (art. 217). La femme, en effet, comme le mineur, comme l'interdit, est rangée par la loi dans la classe des incapables ; elle a donc une action en révocation contre l'acheteur et cet acheteur ne peut invoquer la nullité (art. 1125).

Deuxième hypothèse. — L'aliénation émane du mari seul. — Cette aliénation a-t-elle quelque valeur et quels effets est-elle susceptible de produire?

On a soutenu que cette aliénation n'était pas nulle de nullité absolue, mais qu'elle était seulement annulable ; par conséquent qu'elle était susceptible de ratification après la dissolution du mariage. Sans doute, a-t-on dit, le mari n'est pas propriétaire du fonds dotal, et l'aliénation qu'il consent est une aliénation consentie *a non domino;* mais il faudrait bien se garder de croire qu'on pût appliquer ici l'art. 1599. En effet, sous le régime dotal, le mari est investi d'un mandat si large qu'il peut exercer les actions même pétitoires. On ne peut donc pas le traiter comme on traiterait un non propriétaire. Et c'est le système de la loi. Notre article n'emploie-t-il pas le terme *révoquer*, qui écarte toute idée de nullité absolue, et qui, cependant, s'applique non-seulement à l'aliénation faite par les deux époux, ou par la femme seule, mais encore à l'aliénation consentie par le mari seul.

Dans ce système : 1° l'acheteur ne peut jamais demander la nullité de la vente (art. 1125); il est obligé d'attendre l'époque de la dissolution du mariage, époque à laquelle la femme peut, à son choix, la faire annuler ou la ratifier; 2° la prescription de l'action en nullité est une prescription libératoire, et s'accomplit par dix ans [article 1304] (1).

Pour nous, nous pensons que si le mari a ainsi aliéné seul le fonds dotal, cet acte n'a aucune valeur; qu'il n'y a pas aliénation, et que l'art. 1599 est applicable. Nos adversaires se fondent sur les termes de la loi, sur ces expressions : *On pourra faire révoquer l'aliénation*, qu'on a substituées à celles-ci : *l'aliénation sera radicalement nulle.* Mais qui ne voit que cette substitution s'explique par la nature même des choses? Trois cas, nous l'avons dit, sont prévus par notre article ; or, quand la femme aliène seule le fonds dotal, ou qu'elle l'aliène avec autorisation de son mari, l'aliénation émanant du véritable propriétaire ne pouvait être déclarée absolument nulle; car si, dans ces deux cas, elle est entachée d'un vice, ce vice tient uniquement au défaut de capacité de la femme : à sa qualité de femme mariée dans le premier cas, de femme dotale dans le second. On a donc dû remplacer les

(1) Marcadé, t. VI, p. 88. — Troplong, n° 3522. — Rejet, 25 juin 1822. — Toulouse, 14 janvier 1825. — Grenoble, 26 décembre 1828. — Paris, 26 février 1833.

mots : *radicalement nulle,* par des expressions assez vagues et assez larges pour s'adapter aux trois cas prévus par notre art. 1560.

Le système que nous combattons est d'ailleurs tellement contraire aux principes que cette seule considération suffit pour nous déterminer à le rejeter. Qui oserait dire, en effet, que le mari est propriétaire? Or, si le mari n'est pas propriétaire, l'art. 1599 doit s'appliquer; car, un non-propriétaire, quelque large que soit son mandat, si ce mandat ne comprend, comme dans le cas qui nous occupe, que les actes d'administration, ne peut jamais valablement transporter à un tiers la propriété.

Nous pouvons donc conclure que, dans notre seconde hypothèse, la femme ou ses héritiers exerceront contre l'acquéreur ou le donataire du fonds dotal indûment aliéné par le mari, une véritable action en revendication; que l'acheteur lui-même pourra demander la nullité de la vente conformément à l'art. 1599; enfin, que la prescription dans ce cas sera une prescription acquisitive, par conséquent ne s'accomplira que par trente ans, s'il est de mauvaise foi (art. 2260), par dix ou vingt ans, s'il est de bonne foi [art. 2265] (1).

Troisième hypothèse. — L'aliénation émane de la femme autorisée de son mari. — Ici la vente est faite par le propriétaire, et si cette vente est entachée d'un vice, cela tient à l'inaliénabilité qui frappe le fonds dotal. Il y a là pour la femme, bien qu'elle soit propriétaire, une incapacité particulière, née du contrat de mariage. Or, toute nullité qui a pour cause une incapacité, est une

(1) Tessier, II, note 694. — Duranton, XV, 622. — Cours de MM. Oudot et Valette.

nullité relative, c'est-à-dire susceptible de ratification. Tout le monde s'accorde donc à dire que l'action de la femme dans notre hypothèse, n'est qu'une action en rescision ou en nullité. La Cour de cassation a même jugé, par arrêt du 4 juin 1851, que cette aliénation faite par la femme de son bien dotal pouvait être cautionnée non-seulement par des tiers, mais par la femme elle-même sur ses paraphernaux ; car, aux termes de l'art. 2012 du code Napoléon, on peut valablement cautionner une aliénation ou une obligation rescindable pour une cause qui tient à l'incapacité du contractant.

II. Quelles personnes peuvent invoquer les actions révocatoires? De nombreuses difficultés se sont élevées sur ce point.

1° *La femme ou ses héritiers.* — Aux termes de notre article 1560 « *la femme ou ses héritiers* pourront faire « révoquer l'aliénation *après la dissolution du mariage.* »

Il est donc incontestable qu'au premier rang des personnes qui peuvent invoquer la nullité de l'aliénation ou la revendication, suivant les distinctions que nous avons ci-dessus proposées, se trouvent 1° la femme, 2° ses héritiers. La première partie de notre article suppose que le mariage est dissous : La femme survit-elle? elle aura l'action; meurt-elle quelque temps après? elle transmettra dans son patrimoine cette action à ses héritiers; enfin est-ce le mari qui survit? l'action prend naissance dans la personne des héritiers de la femme.

Il résulte du commencement de l'article, que la femme ne peut pendant le mariage exercer l'action révocatoire. Jusqu'à la dissolution du mariage, en effet, l'exercice des actions, en principe, appartient au mari (art. 1549). Faut-il en conclure que la femme pendant le mariage, si le mari néglige d'intenter l'action en nullité ou en revendication, ne pourra en son lieu et place intenter cette action? Cette solution seule est conforme au texte.

Cette disposition générale du commencement de notre article, d'après laquelle l'exercice des actions révocatoires n'appartient pas à la femme *pendant le mariage*, était parfaitement exacte quand les rédacteurs écrivirent notre art. 1560. En effet, l'hypothèse d'une séparation de biens ne s'était pas encore présentée à leur esprit. Mais plus tard le § 2 de l'art. 1561 ayant prévu ce cas, sur les instances du Tribunat, on ajouta ces mots dans notre article : « la femme aura le même droit après la séparation de biens. » Rien de plus rationnel que cette disposition, puisque par l'effet de la séparation l'administration du mari cesse et la femme reprend l'exercice de ses actions.

La femme aura donc l'exercice des actions révocatoires à la dissolution du mariage, ou même pendant le mariage en cas de séparation.

Plusieurs fins de non-recevoir peuvent être opposées à l'action de la femme. On peut d'abord lui opposer la prescription et nous verrons dans le chapitre suivant quel est le point de départ de cette prescription et dans quel délai elle peut s'accomplir. On peut encore lui opposer la ratification par elle faite de l'acte entaché de nullité. Nous avons vu, en effet, que dans le cas où le bien dotal avait été aliéné par la femme sans autorisation de son mari ou de justice, et même dans le cas où cette aliénation aurait été consentie par elle en dehors des cas d'exception des art. 1555 à 1559, la nullité n'était qu'une nullité relative, susceptible par conséquent de ratification. Pendant le mariage, il est vrai, cette ratification ne pourra régulièrement avoir lieu, puisque la dot est frappée d'inaliénabilité, nonobstant tout consentement de la femme, mais après la dissolution du mariage la femme peut valablement ratifier l'aliénation (1).

La ratification peut être expresse ou tacite. Ainsi pourrait être considérée comme ratification tacite, l'exécution volontaire de l'acte entaché de nullité. Personne ne peut être en effet contraint d'exécuter un acte nul, et l'exécution de cet acte ne peut absolument avoir d'autre effet que de le ratifier. Mais pour que l'exécution volontaire entraîne une ratification tacite, il faut que cette exécution soit de nature à caractériser bien clairement une approbation. Cette approbation, comme toute question de volonté, tombe dans l'arbitrage du juge, et dans le doute la ratification n'est pas présumée.

La vente ayant été consentie par le mari, si les enfants ont succédé tout à la fois à leur père et à leur mère, ils succèdent sans doute à l'action de leur mère, mais ils sont tenus de l'obligation de leur père, par conséquent ils devraient être déboutés de leur demande en revendication. Il en serait de même, on le sent bien, à l'égard de toute autre personne qui serait à la fois héritière de la femme et du mari. La femme elle-même, héritière de son mari, puisqu'elle a succédé à son obligation de garantie, ne pourrait revendiquer contre les acquéreurs. Toutefois, et ceci doit être soigneusement remarqué, si au lieu de s'être

(1) On a cependant jugé que la femme pourrait valablement ratifier l'aliénation si cette ratification était contenue dans un testament fait pendant le mariage, cet acte n'ayant d'effet qu'à un moment où l'inaliénabilité a nécessairement cessé. (Bordeaux, 20 décembre 1832.)

portés héritiers purs et simples du père et mari vendeur, les enfants ou la femme avaient accepté sa succession sous bénéfice d'inventaire, la voie de la revendication leur serait ouverte sans qu'ils puissent être déboutés de leur demande à raison de leur qualité d'héritiers. Mais ils demeureraient toutefois tenus sur les biens de la succession aux dommages et intérêts résultant pour les acquéreurs de l'éviction des fonds dotaux. Un des priviléges du bénéfice d'inventaire est, en effet, de donner à l'héritier l'avantage de ne confondre ni ses biens, ni ses droits personnels avec ceux de la succession.

Si, en supposant toujours la vente consentie par le mari, le mari devenait héritier de sa femme, il ne pourrait évidemment à ce titre agir en revendication, car il serait repoussé par la maxime : *Quem de evictione tenet actio, eumdem agentem repellit exceptio.*

Que faut-il décider dans le cas où la femme a garanti l'aliénation consentie malgré les prohibitions de l'art. 1554? Évidemment, si la femme s'est ainsi obligée personnellement et expressément à la garantie dans l'acte d'aliénation, l'action en nullité ne lui en est pas moins ouverte. Mais en supposant que la femme ait des paraphernaux, sera-t-elle tenue sur ces paraphernaux de la garantie promise par elle? Longtemps l'opinion de la doctrine avait été unanime sur ce point. Tous les auteurs admettaient, d'une part, que la promesse de garantie faite par la femme ne saurait faire obstacle au droit qu'a toujours cette femme de faire révoquer l'aliénation de l'immeuble dotal ; mais, d'autre part, que par suite de cette promesse de garantie, la femme dotale qui a des paraphernaux doit subir sur ces paraphernaux les conséquences de l'annulation qu'elle aurait provoquée et obtenue. Mais il y a quelques années, cette opinion fut combattue par des jurisconsultes éminents (1). Ils appuient leur thèse sur la novelle 61 de Justinien, dont les termes sont très-énergiques : *mulier omnimodo sit indemnis*... et dont les principes n'ont été modifiés, disent-ils, par aucun texte du code. Toutefois, nous ne pouvons adopter ce système.

Un principe, en effet, incontestable et incontesté, c'est que la femme dotale, dûment autorisée, n'est point incapable de s'obliger. Sans doute, les obligations qu'elle contracte sont non avenues en ce qui concerne le fonds dotal, mais elles n'en restent pas moins parfaitement valables, et le créancier peut en poursuivre l'exécution sur les paraphernaux de la femme. Maîtresse de disposer de ses paraphernaux, de les vendre, de les donner, de les aliéner avec l'autorisation de son mari, elle peut avec cette même autorisation les affecter à la garantie de la vente de son fonds dotal, comme elle pourrait les affecter à la garantie de la vente du bien d'autrui. On ne saurait, sans exagérer les garanties du régime dotal, reporter sur la fortune paraphernale la protection accordée seulement à la fortune dotale, et de la nullité de l'obligation sur la dot, conclure à la nullité de l'obligation sur les paraphernaux.

On invoque la novelle 61 ! Mais on n'a pas pris garde que cette novelle prévoit une hypothèse entièrement différente de la nôtre. Justinien suppose, en effet, que le mari et la femme ont aliéné conjointement, et il affranchit la femme de toute responsabilité. C'était souverainement équitable, car il n'y a là qu'un acte de déférence vis-à-vis

(1) Troplong, *Contr. de m.*, t. IV, nos 3543, 3544.—Marcadé, sur 1560, no 4. — Bellot, IV, 206.

du mari, et non une obligation personnelle (1). Mais, dans notre hypothèse, la femme a garanti l'aliénation par une clause expresse insérée dans l'acte. C'est, au reste, cette dernière opinion que la Cour de cassation a cru devoir adopter dans son arrêt du 20 juin 1853 (2).

Les créanciers de la femme pourront-ils demander la révocation de l'aliénation consentie au mépris des prohibitions de l'art. 1554 du code Napoléon ? Cette question est controversée.

Dans un premier système on leur accorde cette faculté. L'art. 1166 permet, en effet, d'une manière générale aux créanciers d'exercer les droits et actions de leur débiteur, pourvu que ces droits et actions ne soient pas exclusivement attachés à la personne ; or, les actions révocatoires ne rentrent pas dans cette exception, puisqu'elles appartiennent tout à la fois à la femme et à ses héritiers, et qu'un droit transmissible aux héritiers n'est pas, en général, un droit exclusivement attaché à la personne (3).

Bien que la question nous paraisse excessivement délicate, nous croyons néanmoins devoir repousser ce système. Nous ne pensons pas qu'il soit exact de dire qu'il y ait là un droit qui n'est pas exclusivement attaché à la personne. Est-ce donc en faveur des créanciers de la femme que le législateur s'est décidé à introduire dans notre code le principe si exorbitant de l'inaliénabilité? Non, certes ; et le droit de révocation n'a été introduit dans l'art. 1560

(1) Cassat., 23 juin 1846.

(2) Aff. : Duranton, t. XV, n° 530. — Tessier, t. II, pp. 76 et suiv. — Zachariæ, t. III, p. 581. — Rodière et Pont, t. II, n° 592. — Pont, *Revue critique*, t. V, p. 14.

(3) Aubry et Rau, sur Zachariæ, t. III, note 12, p. 579. — Odier, t. III, n° 1336. — Cours de M. Duverger.

que dans l'intérêt de la famille, et non dans l'intérêt des créanciers. Ce serait outrepasser l'intention du législateur que de permettre à des créanciers d'invoquer la sanction si sévère du principe de l'inaliénabilité quand la femme ou ses représentants ne le font pas. Il y a d'ailleurs dans l'exercice des actions révocatoires une question de moralité dont il est bon de laisser la solution à la conscience de la femme ou de ses héritiers (1).

La femme dotale qui intente les actions révocatoires n'est pas tenue en principe de la restitution du prix qui a été reçu en échange du fonds dotal indûment aliéné. Cependant elle serait obligée de le restituer, s'il était prouvé qu'elle en a profité ; car nul ne doit s'enrichir aux dépens d'autrui. Remarquons toutefois que c'est à l'acheteur à prouver que la femme a profité du prix.

2° *Le mari.* — La fin de notre art. 1560 s'exprime ainsi : « *Le mari* lui-même pourra faire révoquer l'alié-« nation *pendant le mariage*, en demeurant néanmoins « sujet aux dommages et intérêts de l'acheteur, s'il n'a « pas déclaré dans le contrat que le bien vendu était « dotal. »

Si donc la femme a aliéné avec ou sans autorisation, l'action en nullité pourra être intentée par le mari. Il y a plus, il pourra même, au cas où il aurait personnellement aliéné le fonds dotal, agir en revendication, sans qu'on puisse lui opposer la maxime : *Quem de evictione tenet actio eumdem agentem repellit exceptio.* Aux termes de l'art. 1549, il a, en effet, l'exercice de toutes les actions de la femme. Il y a en lui deux qualités : il est vendeur, mais

(1) Troplong, n° 3519. — Marcadé, t. VI, p. 92. — Nîmes, 2 avril 1832. Montpellier, 17 juillet 1846. — Dalloz, *Répert.*, t. XIV, p. 173.

il est mandataire de la femme, et c'est en vertu de ce mandat qu'il revendiquera l'immeuble.

Mais le mari ne pourrait inquiéter l'acheteur après la dissolution du mariage ; il ne le pourrait même plus après la séparation de biens ; car, dans ces deux cas, la femme reprend l'exercice de ses actions.

Remarquons en outre que ce droit de faire révoquer l'aliénation, qui appartient au mari, est un droit exclusivement attaché à sa personne, par conséquent qui ne pourrait être exercé par ses créanciers.

Dans le projet du code Napoléon, notre article se terminait par ces mots : « Le mari lui-même pourra faire ré-« voquer l'aliénation pendant le mariage, en demeurant « néanmoins sujet aux dommages et intérêts de l'acheteur, « *pourvu que celui-ci ait ignoré le vice de l'achat.* » La section de législation du Tribunat pensa que ces dernières expressions pourraient donner lieu à des difficultés. Comment, en effet, savoir si l'acquéreur serait ou non en état d'ignorance? Cette preuve ne pouvait se puiser ailleurs que dans le contrat d'acquisition. Il parut donc préférable de la faire dépendre du contrat même. On rédigea donc ainsi l'article : « ... en demeurant néanmoins sujet aux « dommages et intérêts de l'acheteur, *s'il n'a pas déclaré* « *dans le contrat que le bien vendu était dotal.* » En vertu de cette nouvelle rédaction, le mari qui revendique le bien dotal par lui indûment aliéné est donc sujet, non-seulement à la restitution du prix, mais encore aux dommages et intérêts de l'acquéreur, *si la dotalité ne se trouve pas révélée dans le contrat*. L'acheteur évincé aura donc droit toujours à son prix d'acquisition et le plus souvent en outre à des dommages et intérêts.

Pour que le mari soit affranchi de l'obligation de payer des dommages et intérêts à l'acheteur évincé, est-il absolument nécessaire qu'il ait déclaré le vice de dotalité dans le contrat même, ou suffirait-il que l'acheteur ait eu connaissance de ce vice? Nous nous arrêtons à cette dernière idée (1). Ainsi nous pensons que le mari ne devrait pas de dommages et intérêts à l'acheteur, si c'était cet acheteur lui-même qui avait précédemment vendu l'immeuble à la femme. Notre article, en un mot, veut qu'il y ait dommages et intérêts, sauf au cas où il est clair que l'acheteur a su que le bien était dotal.

Le mari qui a autorisé la femme à vendre sans déclarer la dotalité ne devient pas stellionataire. Il en serait autrement s'il avait disposé en maître du fonds dotal.

Si l'aliénation a été faite par la femme, mais que le mari l'ait autorisée, le mari sera-t-il passible de dommages et intérêts, si la dotalité n'a pas été déclarée dans le contrat? Non, certainement : *aliud est vendere, aliud vendenti consentire* (2).

3° *L'acquéreur.* — L'acquéreur des biens dotaux peut-il faire révoquer l'aliénation? Il est certain qu'il ne peut la faire révoquer quand l'immeuble a été aliéné soit par la femme seule, soit par la femme autorisée de son mari; car, dans ces deux cas, la nullité n'est que relative (1125). Mais si l'aliénation a été consentie par le mari seul, il y a vente de la chose d'autrui; par conséquent l'art. 1599 s'applique, par conséquent l'acquéreur peut invoquer la nullité. C'est une conséquence de l'opinion que nous avons adoptée sur la question de savoir si dans le second cas

(1) Tessier, t. II, note 698.—Troplong, n° 3535.—Cours de M. Valette.

(2) Tessier, t. II, p. 24.

prévu par l'art 1560 il y a nullité absolue ou nullité relative. Au surplus, suivant l'opinion générale, si le mari avait en aliénant déclaré que l'immeuble était frappé de dotalité, l'acheteur, dans ce cas, ne pourrait demander la nullité de la vente ; il a traité sans doute avec un non-propriétaire ; mais en traitant ainsi il a tacitement accepté cette position précaire.

CHAPITRE VII.

DE L'IMPRESCRIPTIBILITÉ DE LA DOT (art. 1561).

L'article 1561 s'exprime ainsi : « Les immeubles do-
« taux non déclarés aliénables par le contrat de mariage
« sont imprescriptibles pendant le mariage, à moins que
« la prescription n'ait commencé auparavant.

« Ils deviennent néanmoins prescriptibles après la sé-
« paration de biens, quelle que soit l'époque à laquelle
« la prescription a commencé. »

La première rédaction de cet article disait : *Le fonds dotal est imprescriptible pendant le mariage.* D'après cette rédaction, l'imprescriptibilité s'étendait à tous les immeubles dotaux, même à ceux qui avaient été déclarés aliénables dans le contrat de mariage. Mais le Tribunat demanda qu'on fît cadrer l'imprescriptibilité avec l'inaliénabilité. De là cette nouvelle rédaction : « Les immeubles dotaux, *non déclarés aliénables* par le contrat de mariage, sont imprescriptibles pendant le mariage. »

L'imprescriptibilité n'est qu'une conséquence de l'inaliénabilité. La prescription, en effet, emporte aliénation. D'un autre côté la femme pendant le mariage (s'il n'y a pas séparation de biens) n'a pas la liberté d'agir contre les détenteurs des biens dotaux ; il était donc juste de ne pas la soumettre à la prescription.

Mais il est impossible de dire d'une manière absolue que l'imprescriptibilité cadre avec l'inaliénabilité. Deux exceptions fort importantes ont, en effet, été apportées par le législateur à l'imprescriptibilité dotale.

La première de ces exceptions a lieu lorsque la prescription a commencé avant le mariage. L'imprescriptibilité n'existe donc pas pour les immeubles qui, au moment de la célébration, étaient déjà en voie de se prescrire. Les rédacteurs du code ont trouvé cette disposition dans la législation romaine, et ils l'ont écrite dans notre article, pensant sans doute que la constitution de dot étant essentiellement *res inter alios acta,* il serait inique de priver le tiers du bénéfice de la prescription.

Si le mari néglige d'interrompre la prescription, et si cette prescription s'accomplit, il sera responsable de sa négligence envers la femme. Toutefois, on ne pourrait pas dire qu'il y a eu négligence si, lors du mariage, la prescription était tellement imminente, qu'il ne manquait plus que quelques jours pour qu'elle s'accomplît.

La seconde exception apportée par le législateur à l'imprescriptibilité dotale est écrite dans le second alinéa de notre article : Le fonds dotal devient prescriptible quand la séparation de biens est prononcée pendant le mariage. L'inaliénabilité n'en continue pas moins jusqu'à la dissolution du mariage, et cependant l'imprescriptibilité cesse, à quelque moment qu'ait commencé, non pas la prescription, comme dit fort improprement le texte, mais la possession.

Cette seconde partie de notre article 1561 fut ajoutée sur les instances du Tribunat. Le Tribunat n'avait admis qu'avec beaucoup de répugnance le principe de l'inaliénabilité; il chercha donc à en tempérer l'application par cet autre principe qui forme aujourd'hui le second alinéa de notre article. Et on a pu sans injustice déclarer que l'immeuble dotal deviendrait prescriptible à partir de la séparation de biens ; car si, avant cette séparation, il eût été cruel de faire dépendre la perte ou la conservation du patrimoine de la femme du plus ou moins de diligence du mari, après la séparation la femme ayant repris l'exercice de ses actions, ne peut s'en prendre qu'à elle-même de l'accomplissement d'une prescription qu'elle eût pu valablement interrompre.

Mais comment concilier ces deux idées : la femme, quoique séparée de biens, ne peut pas, même avec l'autorisation de son mari ou de justice, aliéner l'immeuble dotal, et cependant elle peut l'aliéner indirectement en négligeant d'interrompre une prescription? N'y a-t-il pas là une contradiction? La conciliation est facile, et la contradiction peut se justifier. Si l'inaliénabilité est un principe d'ordre public, l'acquisition par prescription l'est aussi et d'une manière bien plus vraie. L'aliénation directe serait, en outre, infiniment plus dangereuse que l'aliénation par prescription : l'une, en effet, pour s'accomplir, n'a besoin que d'un instant ; l'autre laisse tout le temps de la réflexion, puisqu'elle exige un délai d'au moins dix années; l'une peut être l'effet d'un caprice instantané, du désir de se procurer une somme d'argent pour satisfaire une fantaisie ; l'autre ne peut tenter la femme par l'appât d'une somme d'argent, puisqu'elle est sans profit pour elle.

Mais quel est le point de départ, et quelle est la durée de la prescription des actions révocatoires que nous avons étudiées dans le chapitre précédent?

Si nous supposons d'abord que la femme ait aliéné le fonds dotal sans l'autorisation de son mari, elle a agi en état d'incapacité, et d'après les principes du droit commun son action en nullité peut s'exercer pendant dix ans. (art. 1304.) Quel sera le point de départ de ces dix années? Sera-ce la séparation de biens ou la dissolution du mariage? Incontestablement ce sera seulement la dissolution du mariage. L'article 1304 s'exprime, en effet, ainsi : « Ce temps ne court pour les actes passés par les femmes mariées *non autorisées* que du jour *de la dissolution du mariage.* » Donc, point de doute à cet égard : l'aliénation consentie dans cette hypothèse est infectée d'un double vice : 1° la femme a enfreint la règle de l'inaliénabilité ; 2° elle n'a pas demandé l'autorisation maritale. Il faut donc appliquer l'article 1304, et il ne peut être question de faire intervenir l'article 1561, qui déclare les immeubles dotaux prescriptibles à partir de la séparation de biens. Le législateur a sans doute pensé que la femme qui a ainsi contracté au mépris de l'autorité maritale n'aurait pas la force d'avouer à son mari cette faute tant que la dissolution du mariage n'a pas fait cesser la vie commune. Elle est moralement impuissante à agir ; il était donc juste de suspendre à son profit la prescription jusqu'à la dissolution du mariage.

Si nous supposons maintenant que le mari a seul aliéné ou que la femme ait aliéné avec son autorisation ou l'autorisation de justice, mais en dehors des exceptions énumérées dans notre chapitre 6, la femme aura, nous l'avons vu, dans le premier cas une action en revendication ; dans le second cas une action en nullité ou en rescision. Comment se prescriront ces actions? Le point de départ de la prescription sera-t-il la séparation de biens ou la dissolution du mariage ?

Faisons remarquer d'abord qu'il y a un cas qu'un texte formel nous autorise à mettre hors du débat : c'est le cas où l'action de la femme, si elle l'exerçait, serait de nature à réfléchir contre le mari. L'article 2256 s'exprime, en effet, ainsi : « La prescription est suspendue pendant le mariage.... ; 2° dans le cas où le mari ayant vendu le bien propre de la femme sans son consentement, est garant de la vente, et dans tous les cas où l'action de la femme réfléchirait contre le mari. »

Pourquoi donc cette exception ? Parce que si le législateur avait dit que la prescription courrait néanmoins pendant le mariage, la femme se serait trouvée dans la plus pénible des situations. En effet, ou elle n'aurait pas craint d'intenter son action, et alors la paix du ménage eût été troublée, ou craignant le ressentiment de son mari, elle aurait laissé la prescription s'accomplir, et alors son intérêt eût été sacrifié. La prudence elle-même a donc inspiré le législateur lorsqu'il a décidé que, dans le cas où, le mari étant garant de l'aliénation, l'action de la femme réfléchirait contre lui, le point de départ de la prescription de cette action serait la dissolution du mariage.

Mais dans quels cas l'action de la femme réfléchirait-elle ainsi contre son mari ? Le mari, par exemple, a vendu un immeuble appartenant à sa femme sans le consentement de celle-ci, il est garant de la vente ; par conséquent, si la femme agissait en revendication pendant le mariage contre l'acheteur, cet acheteur appellerait le mari en garantie, et le ferait condamner au remboursement du prix, des frais et loyaux coûts, et même d'autres dommages et intérêts s'il y avait lieu. L'action de la femme réfléchirait donc contre son mari.

Le mari a vendu comme sien l'immeuble de sa femme, avec stipulation de non garantie, à un acheteur qui croyait traiter avec le véritable propriétaire ; même dans ce cas la prescription de l'action en revendication ne courra pas pendant le mariage ; car si l'action était intentée par la femme le mari serait tenu de restituer à l'acheteur évincé le prix de vente (art. 1629).

Le mari a donné l'immeuble dotal *causa dotis,* il est tenu de garantie, et l'action de sa femme est encore imprescriptible pendant toute la durée du mariage.

En présence de l'art. 2256, il est donc certain que dans tous ces cas, où l'action de la femme réfléchirait contre son mari, cette action ne sera prescriptible qu'après la dissolution du mariage.

Mais nous pouvons supposer un grand nombre d'hypothèses où le mari n'est pas garant. Il a, par exemple, vendu l'immeuble dotal avec la clause *sans garantie et à ses risques et périls* (art. 1629), — ou bien il a donné le fonds dotal, mais non *dotis causa.* — Dans tous ces cas, le mari n'étant pas garant de l'éviction, la prescription courra au profit du possesseur dès le jour de la séparation de biens, car, dès ce jour, la femme peut revendiquer sans craindre de nuire à son mari.

Cependant cette décision n'est pas admise par tout le monde. D'après quelques auteurs et quelques arrêts, la prescription de l'action en revendication, dans tous les cas où l'exercice de cette action ne peut réfléchir contre le mari, et la prescription de l'action en nullité qui compète à la femme quand elle a aliéné avec autorisation de son mari, mais en violation de l'art. 1554, ne courent qu'à partir de la dissolution du mariage.

Le dernier mot de cette question nous paraît avoir été donné par M. Valette, dans un remarquable article qu'il publia en 1841 dans la *Revue française et étrangère* (1). — Dans cet article le savant professeur a démontré que, toutes les fois qu'il ne s'agit pas du cas de l'art. 1304, et en dehors des cas où l'action réfléchirait contre le mari, les actions soit en revendication soit en rescision doivent commencer à se prescrire à partir de la séparation de biens.

Nous avons vu que d'après la rédaction de l'art. 1561 modifiée par le Tribunat, l'inaliénabilité ne cadre plus avec l'imprescriptibilité. Nous avons vu en effet dans notre chap. 2 que l'art. 1554 prohibe l'aliénation du fonds dotal pendant toute la durée du mariage, c'est-à-dire même après la séparation de biens ; tandis qu'aux termes du second alinéa de notre art. 1561, la prescription court après la séparation de biens ; cette séparation étant prononcée, le fonds dotal qui reste inaliénable, devient prescriptible. La séparation de biens ne faisant pas cesser la vie commune, la femme sous l'influence de son mari pourrait consentir une aliénation ; de là le maintien de l'inaliénabilité jusqu'à la dissolution du mariage. La séparation de biens, au contraire, rend à la femme dotale l'exercice de ses actions ; de là la cessation de l'imprescriptibilité à partir de cette séparation.

Si donc nous n'avions en face de nous que le texte de l'art. 1561, aucun doute ne pourrait s'élever sur le point que nous discutons.

(1) 1841, t. VII, p. 241.

Les différentes péripéties par lesquelles a passé la rédaction de notre art. 1561 jettent, en effet, un grand jour sur la question et l'on peut dire que l'historique de cet article est la clef même de la difficulté qui nous occupe.

Nos anciens auteurs, qui avaient adopté avec ardeur les principes de la loi 30 au code *De jure dotium,* avaient tous admis la prescriptibilité de l'immeuble dotal après la séparation de biens. Les rédacteurs du Code dans la précipitation avec laquelle ils rédigèrent le projet, omirent dans ce projet de rappeler cet important principe. C'est sur les vives réclamations de la section de législation du Tribunat, que fut introduit dans nos lois le principe de la prescriptibilité du fonds dotal après la séparation de biens. La section pensa (ce sont ses propres expressions) que la séparation de biens doit faire une exception à l'imprescriptibilité dans le cas de l'art. 170 (du projet), puisque la femme séparée a la liberté de réclamer ses biens entre les mains des tiers, que le but de la séparation est de lui donner le droit d'en jouir, et que dans le cas de cet article on ne peut la considérer comme retenue par la crainte maritale. Et alors on introduisit dans l'article ces mots : « Ils (les biens dotaux) deviennent néanmoins prescriptibles après la séparation de biens, quelle que soit l'époque à laquelle la prescription ait commencé. »

Ces notions historiques prouvent surabondamment que cette exception à l'imprescriptibilité vise nos deux articles 1560 et 1561 et s'applique aussi bien aux actions révocatoires qu'à la prescription acquisitive. C'était d'ailleurs la doctrine de nos pays de droit écrit. C'est sur leurs réclamations qu'on a parlé dans le code du régime dotal. Il ne peut donc y avoir de doute à cet égard.

Cependant des jurisconsultes d'un incontestable mérite (1), ont prétendu que le second alinéa de l'art. 1561 n'a pas modifié l'art. 1560. Bien différentes, disent-ils, sont les hypothèses prévues par ces deux articles. L'article 1560 suppose une prescription libératoire de l'action en révocation de l'aliénation consentie par l'un des époux seul ou par tous les deux conjointement; l'art. 1561, au contraire, suppose une prescription acquisitive, le fonds dotal ayant été transmis à un tiers par toute autre personne que les époux, ou bien ce tiers s'en étant emparé sans aucun titre.

Le grand argument sur lequel ces auteurs ont entendu appuyer leur système est tiré de l'art. 1560, premier alinéa, qui permet à la femme ou à ses héritiers de faire révoquer l'aliénation après la dissolution du mariage *sans qu'on puisse leur opposer aucune prescription pendant sa durée*. Or, la séparation de biens ne dissout pas le mariage, disent ces auteurs ; donc, même après la séparation de biens, la prescription ne peut être opposée à la femme en ce qui concerne les actions de l'art. 1560.

Mais cet argument ne supporte pas l'examen quand on se rappelle la manière dont l'art. 1561 a été rédigé. En écrivant l'art. 1560, les rédacteurs ne pensaient pas à la séparation de biens, puisque le cas de la séparation de biens ne fut prévu que plus tard. Il faut donc lire, pour avoir la véritable pensée des rédacteurs, l'art. 1560 comme s'il y avait : la femme ou ses héritiers, *en supposant qu'il n'y ait pas de séparation de biens,* pourront faire révo-

(1) Duranton, t. XV, n° 529. — Aubry et Rau, sur Zachar., t. III, p. 582, note 24.

quer l'aliénation après la dissolution du mariage, sans qu'on puisse leur opposer aucune prescription *pendant sa durée*. Tel était alors le vrai sens de l'art. 1560, et ce sens n'a pas été modifié par l'introduction du principe de la prescriptibilité à partir de la séparation de biens, bien que les mots de l'art. 1560 sur lesquels s'appuient nos adversaires soient par là même devenus inexacts. C'est ainsi que l'on corrige une autre inexactitude de rédaction qui existe dans le second alinéa de l'art. 1560, où il est dit : le mari pourra lui-même faire révoquer l'aliénation *pendant le mariage*. Il faut évidemment lire : *avant la séparation de biens;* car aucune action de la femme séparée ne peut être exercée par son mari.

Ce qui prouve bien d'ailleurs que les mots de l'art. 1560 sur lesquels se fondent nos adversaires, excluent formellement l'hypothèse d'une séparation de biens, c'est l'addition que le Tribunat crut devoir faire au premier alinéa de l'art. 1560 : « la femme aura le même droit après la séparation de biens ; » addition postérieure à la rédaction de l'art. 1561.

Faisons enfin remarquer que l'art. 2255 ne laisse aucun doute sur le point de savoir si l'art. 1561 vise l'art. 1560 ; car il s'exprime ainsi : « Néanmoins, elle (la prescription) ne court pas pendant le mariage à l'égard de l'aliénation d'un fonds constitué sous le régime dotal, *conformément à l'art.* 1561, au titre du contrat de mariage et des droits respectifs des époux. »

« En résumé, dit M. Valette, nous formulerons à notre tour une règle générale en ces termes : toujours la dotalité d'un droit immobilier constitué selon le régime dotal empêche *pendant le mariage* la validité de l'aliénation, ou de la renonciation expresse de la femme; jamais *après la séparation de biens* la même qualité, c'est-à-dire la dotalité du droit immobilier ne met obstacle à ce que ce droit se perde par la prescription. »

POSITIONS

DROIT ROMAIN.

I. Au temps des jurisconsultes, la force publique ne pouvait être mise à la disposition d'un revendiquant pour arriver à l'exécution du *jussus* du magistrat qu'au cas d'allégation mensongère du défendeur.

II. Si la loi Julia *De adulteriis* s'occupait tout à la fois du fonds dotal et de l'adultère, c'est qu'en réprimant l'adultère et en protégeant le fonds dotal, elle parvenait au même but, c'est-à-dire à encourager le mariage.

III. La loi Julia, en défendant au mari d'aliéner le fonds dotal sans le consentement de sa femme, n'a pas donné à la femme un droit de propriété sur les immeubles dotaux. Les lois 15, § 3, *Qui satisd. cog.;* 21, § 4. *Ad. municip.;* 7, § 12, *Solut. matr.;* 81, § 1, *Ad. leg. Falcid.;*

75, *De jur. dot.*, sainement entendues, ne contredisent point notre doctrine.

IV. La loi Julia ne faisait aucune distinction entre les fonds italiques et les fonds provinciaux.

V. On peut concilier la loi 5, § 6, *De donat. int. vir. et ux.*, avec la loi 5, *De fund. dot.*, qui décide qu'une servitude appartenant au fonds dotal ne peut s'éteindre *non utendo.*

VI. Au temps des jurisconsultes, le fonds dotal conservait pour la totalité le caractère d'inaliénabilité, quel que fût d'ailleurs le chiffre des dépenses nécessaires effectuées sur ce fonds par le mari. La loi 56, § 3, *De jur. dot.* a été visiblement altérée par les compilateurs.

VII. La novelle 61 marque un retour de Justinien sur les garanties excessives qu'il avait accordées à la femme.

VIII. La distinction qui existait au temps des jurisconsultes entre l'aliénation et l'hypothèque n'était point dans la loi Julia ; elle fut introduite dans la législation romaine sous l'influence du S. C. Velleien.

HISTOIRE DU DROIT.

IX. Le régime de la communauté est d'origine germanique.

X. Le régime dotal normand est d'origine scandinave et non d'origine romaine.

XI. Le droit romain pratiqué dans la Gaule franque

n'était pas celui de Justinien. Le droit de Justinien y fut à peu près inconnu jusqu'au douzième siècle.

DROIT DES GENS.

XII. Les décrets de 1809 et de 1811 ne sont pas complétement abrogés.

XIII. Un étranger peut exercer en France la profession d'avocat.

DROIT CRIMINEL.

XIV. L'ivresse, même lorsqu'elle est le résultat d'une intempérance habituelle, détruit l'imputabilité pour les délits commis dans un pareil état.

XV. La personne acquittée en cour d'assises ne peut être traduite de nouveau en police correctionnelle à raison du même fait.

DROIT FRANÇAIS.

XVI. On peut, sous tout autre régime que le régime dotal, imprimer à certains biens le caractère d'inaliénabilité.

XVII. La femme ne peut valablement disposer de l'immeuble dotal par voie d'institution contractuelle.

XVIII. L'immeuble dotal ne peut valablement faire l'objet d'une donation entre époux.

XIX. Les époux étant mariés sous le régime dotal, le mari ne peut procéder, sans le concours de sa femme, à un partage définitif dans lequel la dot est intéressée.

XX. Le partage d'un fonds dont partie indivise est dotale, peut valablement être fait à l'amiable et sans intervention de justice.

XXI. La dot mobilière est absolument inaliénable par la femme avant la séparation de biens.

Elle est inaliénable par la femme après la séparation de biens en dehors des devoirs d'une bonne administration.

Elle est inaliénable par le mari en dehors des droits et des devoirs d'une bonne administration.

XXII. La dot ne peut être aliénée pour prévenir un emprisonnement.

XXIII. La faculté d'aliéner ayant été stipulée dans le contrat de mariage, la faculté d'hypothéquer y est comprise virtuellement.

XXIV. Le fonds dotal ayant été indûment aliéné, la prescription des actions en revendication et en rescision (en dehors du cas de l'art. 1304 et des cas où l'action de la femme réfléchirait contre le mari) court à partir de la séparation de biens.

XXV. Les héritiers et autres débiteurs des legs ne sont pas tenus de les acquitter *ultra vires emolumenti*.

XXVI. Le fonds dotal ayant été indûment aliéné, la femme peut se faire colloquer pendant le mariage à l'ordre ouvert sur le prix de vente d'un bien du mari. Cette collocation n'étant que provisoire, à la dissolution du mariage la femme pourra opter entre l'action révocatoire contre le tiers détenteur et l'action hypothécaire contre son mari.

Vu par le Président de la Thèse,
OUDOT.

Vu par le Doyen,
C.-A. PELLAT.

Permis d'imprimer :

Le Vice-Recteur, ARTAUD.

TABLE DES MATIÈRES

Paris. — Imp. Bailly, Divry et Cie, rue Notre-Dame des Champs, 49.

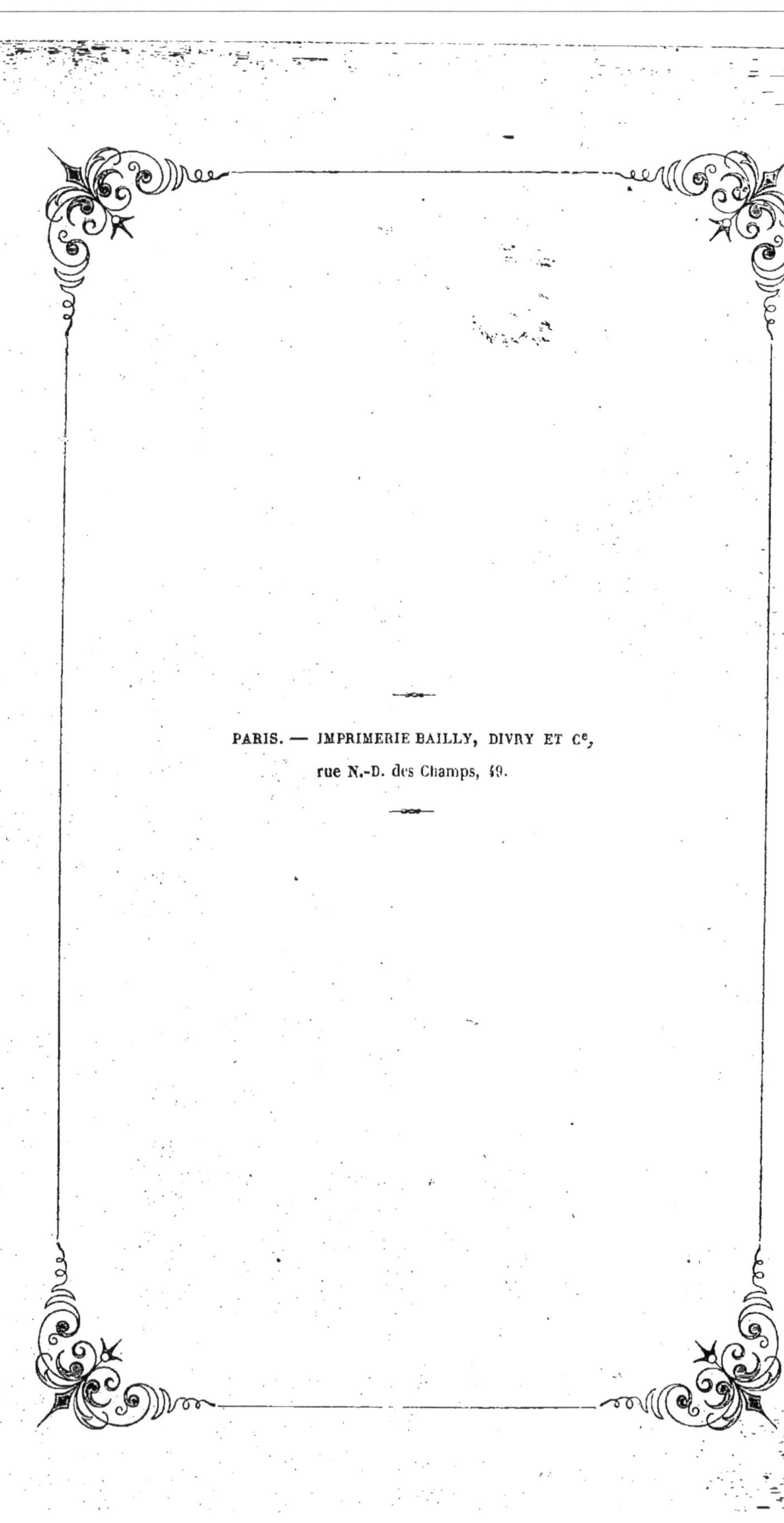

PARIS. — IMPRIMERIE BAILLY, DIVRY ET Ce,
rue N.-D. des Champs, 49.

www.ingramcontent.com/pod-product-compliance
Ingram Content Group UK Ltd.
Pitfield, Milton Keynes, MK11 3LW, UK
UKHW020315230726
13925UKWH00002B/435